ELSA PUNSE

RÊVER ENCORE

Des pistes pour se réinventer en ces temps extraordinaires

Traduit de l'espagnol par Alexia Maury

Illustrations de Dandèlia

SOLAR EDITIONS

Pour Francesc, mon refuge et ma joie
en tout temps.

... Sommaire

Prologue

LES LEÇONS D'UNE PANDÉMIE

Nous y voilà, vous, moi, liés par la splendide relation qu'entretiennent un auteur et son lecteur, nous comprenant à travers les pages ou nous découvrant dans le reflet des mots qui remplissent l'écran. Nous allons partager cette réflexion et la chance d'être en vie dans ce petit coin de l'Univers.

Pour naître, vivre ensemble et pouvoir nous lire aujourd'hui, nous avons d'abord dû livrer une vieille et mystérieuse bataille, une course désespérée contre des millions de spermatozoïdes à la recherche de l'ovule. Eux aussi auraient bien voulu venir au monde, émerger, vivre.

Naître fut notre récompense. Ensuite, il a fallu grandir, apprendre et nous faire une place dans la vie, et c'est ainsi que nous continuons à essayer de survivre, soumis aux difficultés, au temps qui passe immuablement, à la peur de l'inconnu, à la beauté des levers de soleil, au froid de l'hiver, à l'amour, à la frustration et au défi de ne presque rien comprendre, même si nous essayons très fort.

« Nous sommes ici par la seule grâce d'un mystérieux hasard, portés par les lois de la nature... », disait le physicien et poète Brian Greene, en réfléchissant au mystère de nos vies qui vacillent et disparaissent dans un cosmos froid.

Et soudain, nous ne sommes plus.

Vivre nos existences si contradictoires, à la fois intenses et fragiles, présentes et passagères, n'est pas chose simple. À mesure que le temps passe et que nous endurons l'usure physique, la lassitude de nos combats quotidiens et les pertes toujours plus nombreuses, quel sens, quelle signification donner à nos vies ?

Lénine disait : « Il y a des décennies où rien ne se passe et des semaines où des décennies se produisent. » J'écris, plongée, comme le reste du monde, dans l'étrange confinement que nous vivons au printemps 2020 en raison de la pandémie due au coronavirus. Même le film le plus délirant n'aurait pu imaginer de façon réaliste un tel scénario, avec ses innombrables et impressionnants paradoxes. Car même si nous ressentons chaque jour la souffrance des victimes de ce satané virus, nous avons l'étrange impression de vivre quelque chose d'exceptionnel : la pandémie a ébranlé nos priorités et nos certitudes, elle les questionne et les fait vaciller.

Pour commencer, nous parlons du respect de la « distanciation sociale », alors que, en réalité, ce que nous pratiquons, c'est une distanciation physique, une distanciation qui ne parvient pas à nous éloigner émotionnellement et qui au contraire, dans beaucoup de cas, nous rapproche. Notre rythme de vie, qui ne semblait plus capable de nous laisser des espaces de réflexion, nous invite désormais à tourner le regard vers l'intérieur, à nous connecter réellement aux autres, à avoir de longues conversations avec nos amis, à dire « je t'aime, prends soin de toi » sans retenue et chaque jour... Les journées sont désormais plus longues, nous offrant le temps de dîner tranquillement, de nous ennuyer, de discuter jusque tard dans la nuit, d'échanger de vieilles recettes dont la préparation demande un temps dont nous ne disposions plus... Une religieuse l'a exprimé avec des mots délicieux tirés de son expérience de vie à l'écart du monde : c'est une opportunité unique pour retrouver de la patience et du temps de qualité, « pour prendre plaisir à faire rissoler tranquillement les oignons et à faire cuire les pois chiches jusqu'à ce qu'ils soient bien tendres ».

C'est là que réside l'essence même de l'être humain : en notre capacité à nous connecter, à créer et à rêver, à prendre soin de nous et à nous réjouir. Nous l'avions un peu négligée, presque oubliée.

Et au loin, alors que le calme refait surface en nous, la vie rejaillit également. Comme dans un rêve éveillé, des images magnifiques et insolites surgissent : des poissons et des cygnes dans les canaux de Venise, des baleines à Marseille, des sangliers se baladant dans les centres-villes, des oiseaux que l'on entend chanter pour la première fois dans des villes comme Wuhan. Le printemps revient comme si de rien n'était, rayonnant au milieu du silence et de la propreté jusqu'alors presque impossibles dans nos villes. Nous regardons le monde avec des yeux différents : pour la première fois, nous voyons les montagnes depuis Cracovie, des cerfs s'aventurent aux portes des aéroports britanniques, des singes se promènent dans les villes de l'Asie du Sud-Est et des paons jouent dans des cours d'école désertes de Californie. C'est la vie qui reprend ses droits, qui revient dès que l'occasion lui en est donnée.

Mais ce n'est pas le monde qui a changé, c'est nous.

Derrière le mur impénétrable que nous, humains, avons construit avec nos supposés besoins et nos droits prétendument urgents – souvent cruels, destructeurs et excluants –, nous redécouvrons une autre façon de vivre, une nouvelle réalité. « Les pigeons pensent probablement que l'espèce humaine s'est éteinte », disait un Tweet devenu viral pendant ces semaines de confinement. Il est saisissant de se rendre compte que ça ne changerait rien si c'était le cas. La vie continuerait. Nous ne sommes au centre de rien ni indispensables, sauf à nous-mêmes. Nous ne sommes qu'une espèce de plus sur une magnifique planète, un miracle vivant qui, depuis des dizaines d'années, souffre aux yeux de tous simplement parce que son espèce dominante a décidé de vivre comme si rien n'avait d'importance.

Toujours dans le but d'inspirer et de guider, les pages de ce livre se concentrent sur la façon dont nous pouvons réenchanter nos vies – et avec elles le monde – grâce à quelques gestes du quotidien et des suggestions pour nous aider à donner le meilleur de notre humanité.

Je le fais de deux manières très différentes (même si parfois elles cohabitent sur la même page) : d'une part, avec mes réflexions sur notre environnement actuel et sur la façon d'y évoluer, et, d'autre part, avec des propositions concrètes pour que vous puissiez mettre la main à la pâte et participer à ces changements individuels et collectifs, si vous en avez envie. Les deux – les réflexions et les propositions – sont indépendantes : vous pouvez les lire, les appliquer ou les écarter selon vos besoins et vos envies.

Ah !.... et un petit cadeau : à la fin de chaque chapitre, vous trouverez une méditation pour vous détendre ou vous inspirer.

Découvrez, profitez et partagez ces suggestions pour retrouver l'essence de votre humanité – forte, libre et nomade – et pour la faire vivre plus que jamais en ces temps extraordinaires.

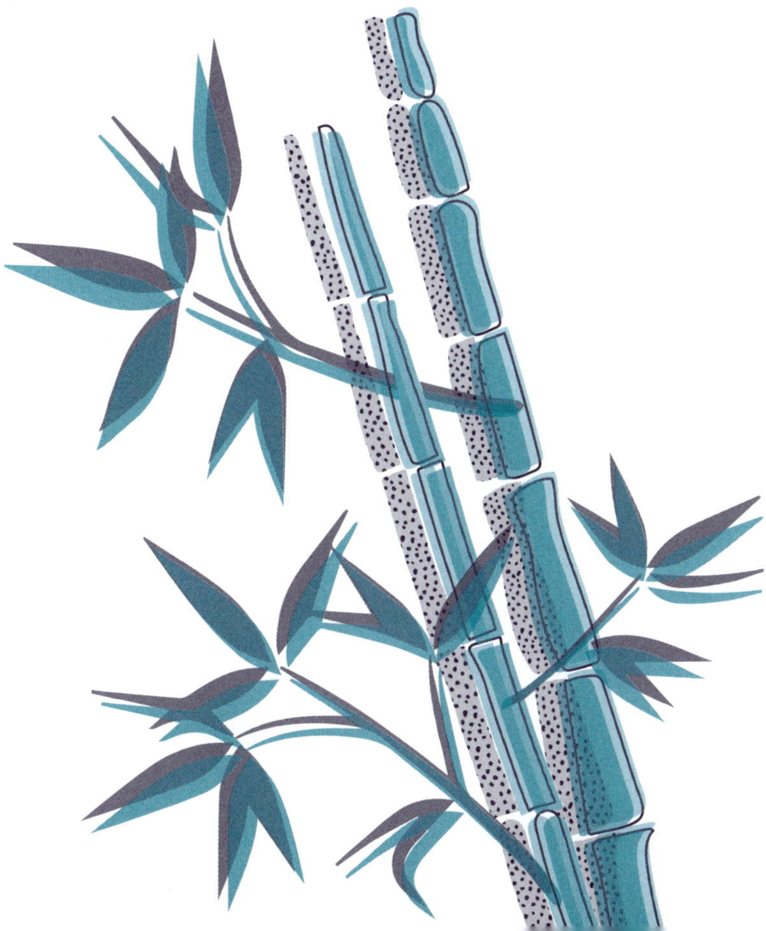

1

•••

RECOMMENCER À NOUVEAU

Réveillez le rêveur au fond de vous

Il est deux heures du matin. Je suis allongée sur le canapé du salon et j'observe les flammes danser dans la cheminée. Dans l'obscurité de la pièce flotte la lumière orangée des lampadaires de la rue qui entre par les fenêtres.

Je me sens apaisée. Ce n'est pas passager, cela fait des semaines que je me sens légère. Rien ni personne ne m'attend. La pandémie a refermé la porte sur tout ce qui me tenait occupée : le travail, les voyages, les conférences... Je pourrais mourir ce soir et il n'y aurait ni cérémonie ni enterrement, car désormais la mort nous emporte en silence. Cela ne me fait pas peur : je sens que la vie bat différemment, comme dans la nature, où la mort est invisible et où la vie renaît sans tambour ni trompette. Dans la nature, tout se renouvelle sans bruit, sans pleurs, sans au revoir.

Je me sens humble, mais aussi reconnaissante d'être en vie. Je n'avais jamais vécu ainsi, sans courir tête baissée, enferrée comme je l'étais dans un engrenage imparable de droits et d'obligations. Je ne savais pas m'arrêter. Jusqu'à maintenant. Désormais, je ne ferme plus les portes comme avant, je ne baisse plus les persiennes et je ne regarde plus qui traverse la rue. Je vis en toute légèreté, presque en transparence. Enfin, je peux quitter l'armure, déposer les armes, vivre nue. Je n'avais pas conscience que ce que je traînais au quotidien me pesait à ce point. Je sais que chaque instant peut être le dernier. Peu importe. Le rideau est tombé, la musique s'est éteinte.

« Pendant que j'écris, des êtres humains hautement civilisés volent au-dessus de ma tête en essayant de me tuer », écrivait George Orwell pendant la Seconde Guerre mondiale. Ici, dans ce canapé et sous cette lueur orangée, ce ne sont pas les avions ennemis qui nous encerclent, mais le virus qui nous envahit, qui nous pénètre et contamine sans distinction de cultures, de pays ou de camps. Il avance aveuglément, d'un corps à un autre. Il ne menace pas seulement nos existences physiques, il questionne aussi notre façon de vivre.

Qu'est-ce qui nous attend ? Cette question flotte dans l'air dans le monde entier et fait naître de nombreux questionnements : *que se passera-t-il à la fin du confinement ?, quels changements sociaux, économiques ou environnementaux vont émerger ?, aurons-nous le courage et l'audace de les mener à bien ?, allons-nous redevenir les mêmes et revivre comme avant ?*

Qu'est-ce qui nous attend ? C'est une question vaste, implacable. Et la vie la pose à chacun d'entre nous. Chaque personne y répondra à son rythme et à sa manière, mais ce qui est certain c'est qu'à partir de maintenant nous nous battrons pour concrétiser certaines des visions que nous avons entraperçues pendant le confinement. Rien ne sera plus pareil. Il y aura des choses auxquelles nous ne pourrons pas renoncer, des choses qui n'ont pas de prix et que l'on ne pourra pas remplacer, de nouvelles manières de valoriser ce qui en vaut la peine.

Peu importe ce qu'en disent les pessimistes, les cyniques ou les résignés, beaucoup d'entre nous emmèneront, autant que faire se peut, leurs rêves – au moins certains objectifs – jusque dans le monde de l'après-pandémie. Oui, c'est un monde tortueux et soumis à des tensions très complexes qui va émerger, mais aussi certainement un monde plus juste et plus humain.

Parce que percevoir la fragilité de l'existence comme aujourd'hui, nous savoir à la merci d'éléments qui échappent à notre contrôle et voir la mort de près change notre rapport à la vie, la rend plus évidente, plus urgente.

Dans le clair-obscur de l'aube, je réfléchis à ce que j'aimerais changer. Je pense que je ne serai plus jamais aussi raisonnable. Nous sommes des êtres d'habitude, démesurément adaptables. Nous venons au monde avec un cerveau craintif et demandeur de beaucoup d'attention et de tendresse. Mais qui essayons-nous de satisfaire, si au final personne ne satisfait pleinement personne ? Nous nous habituons à nos vérités et à nos geôliers, nous nous y résignons et nous nous conformons à leurs contraintes ; mais nous restons ces êtres poétiques, abîmés par une société qui nous soumet à des routines et à des réalités souvent frustrantes.

Comme je l'ai lu dernièrement sur les réseaux sociaux : « S'habituer, c'est mourir à petit feu ».

Nous conservons nos habitudes car nous ne savons pas comment mener à bien les changements dont nous avons besoin pour changer de cap, ou bien nous craignons que ces changements ne donnent rien et ne nous conduisent à une situation encore plus inconfortable.

Mais, aujourd'hui plus que jamais, le rythme des bouleversements s'accélère pour le meilleur et pour le pire. Ils arrivent par vagues, à la suite de la crise mondiale déclenchée par la pandémie. Nous avons peur de tomber malade, de perdre les êtres qui nous sont chers, de connaître des difficultés financières... Et en plus, nous faisons face à la peur collective d'un avenir incertain.

Ce trop-plein d'inquiétudes a un effet très clair sur notre cerveau : il a tendance à nous paralyser. En temps de crise – en ces périodes extraordinaires –, le cerveau cherche à se protéger et s'accroche alors à des schémas de pensée négative.

Lorsqu'on entre dans cet état d'esprit négatif, une série de réponses automatiques se déclenche : la peur restreint notre vision et il nous est plus difficile de voir la réalité avec toutes ses opportunités et ses solutions constructives. Nous nous protégeons et nous enfermons nous-mêmes, nous nous raccrochons à des idées familières, nous sommes moins créatifs et nous avons plus de mal à nous connecter aux autres.

Comment pouvons-nous contrer cette tendance naturelle ?

Nous pouvons apprendre à gérer notre mental pour qu'il soit plus résilient, c'est-à-dire capable de se calmer, de surmonter les obstacles et de trouver des solutions à nos problèmes.

Abordez vos problèmes comme un jeu !

Pour travailler notre résilience, il existe une méthode originale et efficace : appréhender les difficultés qui s'imposent à nous comme si nous étions dans un jeu. Nous savons que les enfants à l'école, ou les unités d'élite SEAL de l'armée américaine, parviennent à de meilleurs résultats lorsqu'ils abordent les problèmes ainsi. Faites donc un pas en arrière et, le temps d'un instant, considérez votre environnement comme si c'était un jeu de science-fiction ou un film dans lequel vous seriez un personnage clé. Décidez ce que vous voulez obtenir et récompensez-vous si vous y arrivez, comme dans les jeux vidéo ! Cela vous aidera à prendre du recul,

à profiter davantage du moment et à vous concentrer de façon constructive sur la résolution des problèmes.

Une chose est certaine, c'est que, en plus, nous nous connaissons peu et mal. En tant qu'humains, nous nous considérons avec trop de bienveillance, à la lumière des mythes et légendes qui font de nous des héros, des enfants de dieux ou des êtres supérieurs. Par peur, paresse et ignorance, nous ne comprenons pas bien l'origine et l'essence de notre cerveau humain.

Autre certitude, le cerveau humain, programmé pour la survie, cherche à accumuler les solutions arrangeantes, éphémères et addictives.

Et c'est ainsi que nous poursuivons des chimères et que nous devenons accros à la tension de l'attente que crée le désir, suivie de l'inévitable déception post-récompense, la descente chimique. Nous reproduisons encore et encore le même cercle vicieux : tension, résolution et insatisfaction. Nous dépensons une telle énergie dans la quête éphémère

d'une réponse chimique dont l'unique fin est de nous maintenir vivants, au sens premier du terme !

Mais lorsque nous ne sommes pas les esclaves ou les pantins de ces mécanismes basiques, notre cerveau humain va bien au-delà de la recherche de la survie. Il est sophistiqué, complexe et poétique, et ses besoins profonds ne sont pas satisfaits par de simples actes réflexes biologiques, par une simple chimère chimique.

Un cerveau insatisfait, qui mène une vie plus pauvre que celle à laquelle il pourrait prétendre de par sa richesse naturelle, se traduit par une existence en demi-teinte, une insatisfaction latente, un sentiment de « manque de quelque chose ».

La société de la distraction ne suffit pas

Comment faire face au sentiment de vide ou d'échec vital ? Le XXIe siècle a engendré une société de la distraction qui encourage le plaisir éphémère, cette spirale chimique dont nous venons de parler, et qui comble nos manques en cherchant des façons de maintenir en permanence notre doigt appuyé sur l'interrupteur de la satisfaction immédiate ou de la distraction rapide et addictive.

Nous soulageons l'insatisfaction et la frustration grâce au sentiment du devoir accompli, avec des enfants bien éduqués et des parents dont on s'occupe. Beaucoup de gens se réfugient dans ce schéma, en ayant l'impression d'avoir fait « ce qu'il fallait ».

Mais les distractions et le devoir accompli ne font pas tout, ils comblent seulement une partie de ce dont nous avons besoin pour nous sentir pleinement vivants.

Et soudain surgit cette immense crise dans nos vies. La pandémie. Le confinement. L'incertitude, qui va être notre compagne pour les prochains mois. Nous avons vécu des jours où nous avons été capables du meilleur comme du pire. Une vague d'empathie universelle a parcouru les quatre coins de la planète. Nous pouvons nous concentrer sur son aspect destructeur ou la voir comme le début de quelque chose, car jamais comme durant cette crise nous n'avons eu une opportunité si limpide de réaffirmer ce qui compte vraiment.

« Il y a une fissure en toute chose, c'est ainsi qu'entre la lumière », disait Leonard Cohen dans sa chanson *Anthem*. Les périodes de crise ne sont pas seulement des périodes pendant lesquelles nous sommes envahis par des émotions désagréables, elles sont aussi une invitation à arrêter de vivre en pilotage automatique, à faire une pause et à réfléchir aux changements que nous aimerions effectuer, à reprendre notre vie en main et à transformer notre destinée.

Les crises sont des opportunités extraordinaires pour faire bouger ce qui semble immuable et pour prendre des décisions qui, il y a peu encore, nous paraissaient inimaginables. C'est pour cette raison que, après une épreuve collective comme cette pandémie, beaucoup de gens vont essayer de prêter davantage attention à leurs désirs inassouvis, accepteront d'avoir ces conversations pas toujours évidentes avec leurs proches, ou voudront exprimer leur amour pour les autres plus explicitement.

Vivre une crise, c'est comme tomber amoureux : lorsqu'on est amoureux, notre cerveau s'adapte mieux ; c'est pourquoi les premiers mois sont cruciaux quand il s'agit de trouver des façons de vivre ensemble et de s'adapter dans un couple. Durant ces premiers mois, nous avons une grande capacité à évoluer, nous sommes plus disposés que jamais à changer et à nous adapter à l'autre ! Ensuite, lorsque la routine s'installe, les changements nous paraissent beaucoup plus difficiles. Et de la même manière, au moment où une crise éclate, se présente l'opportunité de faire ces modifications qui habituellement nous demandent beaucoup d'efforts et de mettre en place de nouvelles habitudes qui vont nous permettre de transformer notre vie.

Ce que nous vivons collectivement dans la situation actuelle est une occasion de nous arrêter et de réévaluer ce qui est réellement important pour nous. La pandémie du coronavirus peut être, au-delà d'une expérience traumatique, le symbole d'une période pendant laquelle nous avons pu appuyer sur le bouton pause et reconstruire nos vies en nous fondant sur ce qui nous manquait, en intégrant à la vie quotidienne certains de nos désirs et de nos rêves.

Profitons de cette période pour réfléchir aux changements que nous pouvons effectuer dans nos vies à l'échelle individuelle, aux petites renaissances que nous pouvons initier.

Réveillez le rêveur qui sommeille en vous !

Une vie idéale se compose de nombreux éléments. Je vous propose de commencer par vous reconnecter à certains d'entre eux, en commençant par les paysages qui font partie de votre vie de rêve.

Y a-t-il un paysage ou un lieu dans lequel vous vous sentez particulièrement bien ? Qu'il soit réel ou imaginaire, à quoi ressemble cet endroit ? S'agit-il d'une plage, d'une montagne, d'une ville ? Se trouve-t-il en Orient, en Afrique, en Amérique ? Ou peut-être beaucoup plus près de vous ?

Retournez maintenant dans cet endroit spécial pour vous et vivez ce moment. Si vous le pouvez, avec tous vos sens. Sentez-le... touchez-le... écoutez-le... À quoi ressemble votre

paysage de rêve ? À quoi ressemble ce lieu dans lequel vous vous sentez heureux, en paix ?

J'ai envie de partager avec vous l'un de mes paysages de rêve. Je marche sur la plage, une plage de l'océan Atlantique, dans le nord de la Galice, dans un petit village de pêcheurs. Ici, les teintes vertes colorent les eaux des rias. Cet endroit m'apaise, me fait me sentir vivante ; tout y est plus réel, plus présent. Bien que je n'y passe que quelques jours dans l'année, je porte ce bout du monde à l'intérieur de moi tout le reste du temps. Et pendant l'hiver, lorsqu'il fait froid, ou quand je suis fatiguée ou triste, souvent, je ferme les yeux et retourne à ces bancs de sable immenses et à la mer, avec ses eaux qui sont tantôt vert foncé, tantôt claires et transparentes, et je regarde les mouettes voler, je les écoute. Lorsque je nage dans ces eaux froides, il se produit quelque chose qui ne m'arrive quasiment jamais ailleurs, j'éclate de rire, sans raison apparente. Tout simplement parce que ce froid, cette beauté... me bouleversent !

Et c'est précisément sur cette plage, qui est mon paysage rêvé, que, l'été dernier, j'ai fait une rencontre très spéciale. Je marchais sur les coquillages, un peu comme sur le lit d'un fakir, lorsque j'ai aperçu sur le rivage, au large, un kayak. Je m'en suis approchée. C'était une embarcation très jolie, blanche et stylisée, avec plusieurs phrases écrites en anglais. L'une d'elles disait ceci : « Mer agitée, s'atténuant plus tard. »

C'était presque une philosophie de vie !

À qui pouvait bien appartenir ce kayak solitaire sur le point d'être mis à l'eau ?

J'ai vu le propriétaire s'approcher. C'était un homme avec une barbe blonde, il avait l'air gentil, il était très mince, le visage tanné par le vent et le soleil et les mains couvertes de bandages. Alors qu'il se rapprochait, j'ai remarqué une tache de sang à travers les pansements. Je me suis dit qu'il était seul face à la mer, dans cette embarcation fragile, avec ses mains blessées. Et tout naturellement, comme le font les inconnus lorsqu'il n'y a pas d'apparences à sauver, nous avons entamé une discussion...

– D'où venez-vous ?

– Je suis arrivé hier de Santander. J'ai dormi sur la plage, et je m'apprête à repartir.

– Pour aller où ?

– Je vais pagayer jusqu'à Porto, au Portugal...

Comment ?!

Eh bien oui, ce navigateur, qui s'appelait Toby Carr, était un architecte londonien qui s'était lancé un défi, un voyage en kayak qui l'avait mené à ce moment de l'Islande jusqu'aux îles Féroé, en passant par la Norvège, le Danemark, l'Allemagne, les Pays-Bas, la Belgique... Bien que Toby eût voyagé seul et passé des journées entières avec pour seule compagnie les oiseaux, les poissons, les dauphins et les phoques, il m'assura qu'il avait pu compter sur la gentillesse et la générosité de nombreux inconnus tout au long de ce voyage de 1 300 kilomètres à la force des bras.

Et on ne parle pas de 1 300 kilomètres improvisés. Le but de Toby Carr était de parcourir avec son kayak toutes les zones maritimes couvertes par une émission culte appelée *Shipping Forecast*, diffusant des bulletins de météo marine et des avis de tempête. Il se trouve que chaque jour, depuis cent cinquante ans, la BBC britannique diffuse quatre bulletins prévisionnels par jour pour annoncer les possibilités de tempête dans toutes les eaux entourant la Grande-Bretagne.

Alors que ces avis de tempête ne sont vraiment utiles qu'aux marins, étrangement, l'émission a un très large public. Elle compte même beaucoup plus d'auditeurs qu'il n'y a de marins dans le monde. Pourquoi donc ? Eh bien parce que, pour une raison obscure, beaucoup de gens apprécient la mélodie créée par la ribambelle de noms étranges donnés aux tempêtes qui se présentent : Sole, Fitzroy, Trafalgar, Vizcaya ou Lundy...

Ces noms évocateurs de mers, de côtes, de villes, de bancs de sable, de rivières ou d'estuaires de l'Islande à l'Afrique, composent une douce rengaine grâce à laquelle les auditeurs rêvent, s'apaisent ou s'endorment...

Notre navigateur expliqua qu'il avait l'impression que la mer et ses légendes mystérieuses pouvaient nous unir au lieu de nous diviser : « Je crois que l'une des choses les plus excitantes avec le kayak et la mer, c'est la simplicité, le fait d'être si proche de l'eau. J'ai toujours été enthousiaste à l'idée d'affronter les défis et les récompenses de la vie en pleine nature : la puissance d'un paysage qui vous entoure et la connexion à quelque chose de profond, et en même temps la possibilité de mener une vie plus simple… ; cet épuisement total que l'on ressent au petit matin, lorsque les vagues et les marées vous entraînent, et cette profonde fatigue que l'on ne ressent que lorsque l'on fait quelque chose d'intense physiquement… Et c'est aussi très excitant de pouvoir dire : je l'ai fait. »

« Je peux le faire, c'est ce que je me dis généralement à haute voix lorsque je suis en mer avec mon kayak, que les vagues frappent le bateau et que j'ai peur de ne pas atteindre le rivage… Et je continue à pagayer de toutes mes forces. »

Si vous demandiez à Toby comment tout a commencé et ce qui lui a donné la force d'aller au-delà du rêve et de le réaliser, il racontait que, au décès de son père, il avait soudainement ressenti le besoin de faire quelque chose de différent. Il a rejoint un club de kayak à Londres. En naviguant sur les eaux boueuses de la Tamise, il a rencontré des gens avec qui il s'est lié d'amitié et qui l'ont encouragé à rêver plus grand.

Mais juste à cette période, il s'est produit une chose inattendue : on lui a diagnostiqué un cancer, une maladie contre laquelle son frère se battait déjà depuis quelque temps. Il a été opéré deux fois pour retirer la tumeur, qui était à un stade précoce, et il a pu rapidement retourner sur l'eau. Son frère n'a pas eu la même chance. Après de nombreuses opérations, il est mort à l'hôpital quelques mois avant notre rencontre. « Récemment, un ami m'a dit en plaisantant qu'il n'y a rien de tel que d'échapper à la mort pour se sentir plus vivant. Et à bien des égards, il a raison : désormais, les choses me semblent plus réelles, plus précises, plus nettes. La nourriture a meilleur goût, les couleurs me paraissent plus éclatantes et mes sens sont plus éveillés. »

Notez ceci : lorsque nous parlons de vie de rêve, nous parlons d'aspiration. Nous savons tous que la vie réelle implique des circonstances et des sentiments mélangés, que nous ne pouvons pas échapper aux moments difficiles, y compris tragiques, aux adieux, aux pertes et aux déceptions.

Lorsque l'on évoque l'importance de concrétiser notre vie idéale, on pense à la nécessité d'identifier et de développer jour après jour ce qui nous rend réellement heureux, ce qui nous fait nous sentir vivant, comme l'a fait Toby, qui, malgré les obstacles et les pertes personnelles, fut capable, en conscience, de profiter, de s'émerveiller, de découvrir et de se sentir heureux d'être en vie.

Au cours des derniers mois, beaucoup de gens m'ont écrit pour partager leurs doutes quant au retour à la vie dite « normale » qui nous attend après la crise du coronavirus. Et je dois dire que leurs réflexions m'ont apporté beaucoup de réconfort, car, comme eux, moi aussi, j'ai eu l'estomac noué en pensant à la fin de cette bulle protectrice que représente le confinement chez soi. Nous nous sommes rendu compte que notre monde se porte mieux lorsque nous renonçons à ce rythme vertigineux, à trop d'attentes et d'ambitions, à notre consommation effrénée. Ne serait-ce pas le bon moment pour intérioriser et adopter définitivement des façons de vivre plus simples, profitables autant à nous qu'à la planète ?

Voici un autre exemple inspirant d'une personne qui a osé changer de vie.

La vie de rêve de Susan

L'écrivaine et journaliste Susan Smillie a vécu pendant trois ans sur un bateau, seule. Durant ces mois de confinement, elle a écrit et partagé son expérience. Elle voulait transmettre le message que nous sommes capables de nous adapter à un changement de vie tout en restant sereins, de transformer nos gestes et nos comportements et d'être heureux, autant, voire plus qu'avant :

« J'ai quitté un métier que j'aimais beaucoup au journal britannique *The Guardian* il y a trois ans parce que je voulais mener une vie plus simple sur mon petit voilier. J'ai fini par traverser la Manche jusqu'en France, naviguer le long de la côte atlantique jusqu'au Portugal, puis en Méditerranée, en passant par l'Espagne et l'Italie jusqu'à la Grèce. C'est la vie la plus lente que l'on puisse imaginer : à voyager au même rythme que si vous marchiez, complètement immergé dans la nature. Je dors en toute liberté dans des baies isolées, près de plages de sable blanc, avec des poissons et des poulpes nageant au-dessous de moi. J'ai navigué avec des dauphins et des baleines, je me suis réveillée devant des chevaux qui galopaient sur des plages désertes du sud de l'Italie et j'ai jeté l'ancre près de châteaux et de falaises qui ressemblent à des cathédrales. C'est quelque chose de magique, qui me nourrit. L'inconvénient est que je dispose de peu de confort matériel (ne pas avoir de réfrigérateur par 40 degrés est un véritable défi), de très peu d'argent et que je passe beaucoup de temps seule, je suis parfois en mer pendant des semaines. Je suis devenue la preuve vivante qu'il en faut très peu pour être extrêmement heureux. »

Et Toby, qu'est-ce que son expérience lui a appris d'autre ? « J'ai probablement compris que la vie est fragile et qu'il faut en profiter le plus possible. Et que nous avons tous la capacité de nous remettre en question, de changer notre façon de vivre en regardant les choses sous un autre angle, en pensant différemment. »

Pour autant, vivre votre vie idéale implique d'avoir la force de transformer un rêve, une aspiration, en un objectif concret, aussi petit soit-il !

Jusqu'ici, nous avons partagé des réflexions autour de la façon de changer nos vies individuellement, pour qu'elles reflètent la créativité et le renouveau dans lesquels nous sommes collectivement immergés en ces temps extraordinaires. Pour cela, je vais partager maintenant avec vous quelques propositions très concrètes, pour que vous les ayez sous la main le jour où vous aurez envie de vous lancer.

Connaissez-vous vos points forts ? Êtes-vous conscient de vos réussites ? Voulez-vous sortir de votre vie routinière ? Vous détacher de vos vieilles habitudes et réveiller le rêveur qui sommeille en vous ?

C'est parti !

DE COMBIEN DE TEMPS AVEZ-VOUS BESOIN POUR ACQUÉRIR UNE NOUVELLE HABITUDE ?

Phillippa Lally est chercheuse en psychologie de la santé au University College de Londres. Dans une étude publiée dans le *European Journal of Social Psychology*, Phillippa Lally et son équipe ont cherché à découvrir le temps nécessaire à l'acquisition d'une nouvelle habitude. L'étude s'appuie sur les habitudes de quatre-vingt-seize personnes sur une période de douze semaines. Certaines ont choisi de petites habitudes comme boire de l'eau pendant les repas, d'autres des habitudes plus importantes comme courir quinze minutes avant le dîner. À l'issue des douze semaines, les chercheurs ont analysé les données afin de déterminer le temps nécessaire à chaque personne pour qu'un comportement devienne une habitude, c'est-à-dire pour qu'elle le réalise naturellement.

Quel a été le résultat ?

En moyenne, il faut environ deux mois avant qu'un nouveau comportement devienne automatique, même si cette durée varie selon les personnes et les circonstances.

Une astuce pour vous aider à mettre en place une nouvelle habitude ? Une fois choisie, pratiquez-la très progressivement, et à mesure que vous allez l'intégrer à votre vie, augmentez de façon presque imperceptible le temps que vous y consacrez. Par exemple, si vous voulez courir quinze minutes chaque jour, commencez par cinq, et lorsque vous serez à l'aise avec cette durée, ajoutez quelques minutes chaque semaine jusqu'à atteindre votre objectif final.

DÉCOUVREZ VOS POINTS FORTS

Le psychologue David Pollay explique que, lorsque nous pensons à nos plus belles réussites, nous nous rendons plus facilement compte de nos points forts dominants, ceux qui précisément ont contribué à ces réussites. En procédant ainsi, vous devriez voir une tendance se dégager dans votre vie et vous pourrez continuer à mobiliser vos forces personnelles pour poursuivre vos objectifs et remporter de nouvelles victoires.

Pour identifier vos points forts, le docteur Martin Seligman, pionnier de la psychologie positive, suggère l'exercice suivant :

« Racontez par écrit un moment où vous estimez avoir donné le meilleur de vous-même. Ce ne doit pas forcément être un événement qui a changé votre vie mais l'histoire doit avoir un début, un déroulement et une fin. Relisez votre récit chaque jour pendant une semaine, et demandez-vous à chaque fois : "De quels points forts ai-je fait preuve ? Était-ce de la créativité, un bon jugement ? Avez-vous été gentil avec les autres ? Loyal ? Courageux ? Passionné ? Avez-vous été capable de pardonner ? Avez-vous été honnête ?" »

C'est en écrivant vos réponses à ces questions que vous trouverez des pistes permettant de définir vos talents et vos points forts, explique le docteur Seligman. L'étape suivante est alors de décider comment vous pouvez utiliser ces atouts dans votre quotidien, en organisant et en structurant intentionnellement votre vie autour d'eux.

CRÉEZ DES LIENS ENTRE VOS RÉUSSITES

Célébrer nos succès passés ou imaginer nos futures réussites nous aide à être plus positifs, à mieux faire face à l'échec et aux frustrations, et nous permet aussi de comprendre ce pour quoi nous sommes particulièrement doués. En nous remémorant nos succès, nous sommes plus facilement reconnaissants pour ces expériences gratifiantes et positives et nous pouvons en tirer encore plus de force et d'énergie.

1. CÉLÉBREZ VOS SUCCÈS PASSÉS. Réalisez un collage avec vos succès récents ou passés (vous pouvez utiliser des illustrations, des photos, des articles, des poèmes...). Si cela peut vous aider, à partir de maintenant, prenez l'habitude d'en garder des traces : notez les compliments et les remarques positives des personnes avec lesquelles vous travaillez, racontez-les dans un journal, prenez des photos parlantes, conservez des souvenirs de vos actions qui ont été utiles aux autres... En réalisant des collages avec vos succès, vous vous autorisez à vous en souvenir, à les célébrer et à les laisser vous inspirer et vous donner de la force pour traverser les moments difficiles.

2. IMAGINEZ VOS RÉUSSITES FUTURES. Si vous faites des collages avec ce que pourraient être vos futures réussites, vous pourrez les savourer par anticipation. Ce peut être très utile pour vous motiver et vous donner l'énergie de vous battre pour atteindre vos objectifs.

QUELLES SONTS VOS VALEURS ET VOS PRIORITÉS ?

Nous, humains, menons souvent des vies complexes. Nous sommes parfois fragilisés et pouvons perdre de vue ce qui est réellement important pour nous. Il se peut alors que nous nous éloignions de nos valeurs et de ce que nous considérons vraiment essentiel.

Cependant, cela ne détermine pas qui nous sommes. Par exemple, à moment donné, dans certaines circonstances, il peut vous arriver d'avoir un comportement malhonnête, même si vous avez toujours valorisé l'honnêteté et que c'est une valeur importante dans votre vie.

Même si nous avons bien en tête nos valeurs et nos priorités et que nous nous efforçons de nous y tenir, il peut arriver que nos actions ne soient pas totalement en phase. Nous ne sommes pas des êtres parfaits.

Toutefois, vous devez avoir conscience que plus vous mènerez une vie en accord avec vos valeurs et vos priorités, mieux vous vous sentirez. Souvent, les gens s'enlisent dans des vies qui ne correspondent pas à leurs valeurs profondes, et c'est une recette imparable pour finir malheureux. Par exemple, si vous avez une forte sensibilité artistique et que vous travaillez dans une banque, vous pouvez connaître un sentiment d'insatisfaction.

Avoir conscience de ce qui est important pour vous, de vos valeurs et de vos priorités et construire un quotidien autour d'elles est l'une des clés d'une vie épanouie.

La psychologue Mandy Kloppers propose une liste de différentes valeurs et priorités. Identifiez les dix plus importantes pour vous !

- ☐ Vivre en harmonie avec la nature
- ☐ Se cultiver
- ☐ Créer de belles choses : art, danse, jardinage…
- ☐ Contribuer à un monde plus juste
- ☐ Prendre soin des populations les plus vulnérables
- ☐ Être loyal
- ☐ Être honnête
- ☐ Être sexuellement actif et attirant
- ☐ Aider les autres
- ☐ Avoir de bons amis
- ☐ Entretenir des relations chaleureuses et amoureuses
- ☐ Avoir de l'ambition et s'impliquer dans son travail
- ☐ Être compétent et efficace
- ☐ Avoir du succès et laisser une trace
- ☐ Avoir une vie excitante
- ☐ Mener une vie remplie de changements et de nouveautés
- ☐ Être en bonne forme physique
- ☐ Manger sainement
- ☐ Être créatif
- ☐ Prendre soin de ses proches
- ☐ Respecter les traditions
- ☐ Avoir la foi
- ☐ Avoir une spiritualité
- ☐ Avoir du self-control et résister aux tentations
- ☐ Respecter les anciens
- ☐ Être responsable
- ☐ Être riche
- ☐ S'occuper de sa santé
- ☐ Avoir de l'autorité et du contrôle
- ☐ Avoir de l'influence sur les autres
- ☐ Profiter de tous les plaisirs de la vie
- ☐ Manger et boire de bonnes choses
- ☐ Être indépendant et autonome
- ☐ Être curieux et découvrir de nouvelles choses

- [ ] Être doué pour résoudre des problèmes divers et variés
- [ ] Essayer chaque jour d'être une meilleure personne
- [ ] Ressentir des émotions positives et entretenir sa bonne humeur
- [ ] Travailler avec ses mains : coudre, fabriquer, réparer...
- [ ] Transmettre et apprendre aux autres
- [ ] Résoudre des conflits et apporter la paix
- [ ] Apprécier l'art et la musique
- [ ] Organiser et mettre en ordre
- [ ] Faire des recherches et apprendre
- [ ] Se mesurer aux autres
- [ ] Susciter l'admiration
- [ ] Faire preuve de courage

- [x] Et ajoutez ici, si vous en avez envie, d'autres valeurs et priorités essentielles pour vous

✓ ....

✓ ....

✓ ....

✓ ....

✓ ....

✓ ....

✓ ....

✓ ....

✓ ....

✓ ....

✓ ....

✓ ....

✓ ....

✓ ....

QUELLES VALEURS ET PRIORITÉS AIMERIEZ-VOUS INVITER OU DÉVELOPPER DANS VOTRE VIE ? LES VALEURS ET LES PRIORITÉS FONT OFFICE DE BOUSSOLE : ELLES DONNENT UN CAP, MÊME SI VOUS NE PARVENEZ PAS À LES ATTEINDRE PLEINEMENT.

....

....

....

....

MAINTENANT, IDENTIFIEZ LES ACTIONS CONCRÈTES QUI VOUS AIDERONT À DONNER CORPS À VOS VALEURS ET À VOS PRIORITÉS ET NOTEZ-LES BRIÈVEMENT CI-DESSOUS AVEC VOS PROPRES MOTS.

....

....

....

....

LE TABLEAU DES RÊVES

Comme nous l'avons vu au début de ce chapitre, une vie de rêve est constituée d'images, de pensées, de relations, de paysages et d'objectifs, rêvés ou désirés... et lorsque nous y voyons clair à leur sujet, nous pouvons nous mettre à l'œuvre et transformer certains de ces rêves en objectifs concrets. D'abord, vous rêvez, et ensuite, vous passez à l'action.

Pour revenir à l'essentiel, maintenant que vous avez identifié vos points forts, vos défis et vos obstacles, comment décririez-vous votre vie de rêve, celle que vous mèneriez si vous n'étiez pas limité par les circonstances, l'argent, la famille ou votre personnalité ?

Si vous avez besoin d'un peu de temps pour vous reconnecter complètement à cette vie idéale qui vous réconforte à l'intérieur, qui vous rend plus vivant, je vous propose de réaliser ce « tableau des rêves », proactif et pratique, qui permet de voir et de sentir avec plus de clarté à quoi ressemble notre vie rêvée.

L'éducateur Ken Robinson appelle « tableau des rêves » un ensemble d'images que vous pouvez rassembler, un peu comme un collage, et qui reflètent visuellement vos aspirations, vos rêves et le style de vie que vous aimeriez mener.

Pour réaliser votre propre tableau des rêves, commencez par trouver un support (du carton ou une grande feuille cartonnée) et par chercher dans des magazines ou sur Internet des images qui illustrent la vie que vous voudriez avoir. Découpez et collez ces images, et surtout pensez à l'avenir, ne laissez pas le passé s'immiscer dans votre tableau des rêves.

Rêvez, ne vous fixez aucune limite, mettez-y tout ce qui vous inspire, tout ce qui vous procure de la joie, créez la vie que vous voulez avoir !

Placez ce tableau à un endroit où vous pourrez le voir chaque jour. Votre tableau est un objet vivant, faites-le évoluer avec vous et au fil du temps si vos objectifs changent.

Et maintenant, la chose la plus importante : s'en tenir à rêver ne sert pas à grand-chose, il faut se mettre au travail !

Ainsi, observez votre tableau des rêves et réfléchissez aux actions concrètes que vous allez mettre en place pour réaliser les aspirations et les rêves que vous avez exprimés sur ce tableau. Qu'est-ce qui compte vraiment pour vous et que devez-vous faire pour que votre vie ressemble un peu plus chaque jour à votre rêve ?

Rappelez-vous que, au départ de n'importe quel chemin, de n'importe quel projet créatif ou de n'importe quelle aventure, nous avons l'impression d'être entouré de brouillard ; mais, petit à petit, nous découvrons des mots, des sentiments et des faits qui nous aident à avancer. Ne remettez pas les choses à demain, réalisez votre tableau des rêves et lancez-vous !

Réveillez le rêveur qui sommeille en vous !

Une méditation pour vous sentir libre

Pour changer d'état d'esprit assez facilement, vous pouvez faire appel à votre imagination. Grâce à elle, vous nourrissez chimiquement votre cerveau, vous détendez votre corps et vous échappez ainsi aux entraves de la vie quotidienne.

Durant les prochaines minutes, nous allons imaginer que nous pénétrons dans un jardin, le jardin de la transformation. Profitez.

Imaginez un jardin qui vous plaît en tout point. Il peut être plus ou moins luxuriant, plus ou moins ordonné, avec des arbres, des fleurs et les éléments que vous souhaitez. Observez votre jardin et respirez calmement, en inspirant et en expirant par le nez... Profondément, à votre rythme.

Maintenant, entrez dans votre jardin. Dans cet espace naturel, vous allez vous autoriser à devenir tout ce dont vous avez envie. Un brin d'herbe qui se balance au gré du vent... Un morceau de granit bien solide... Les oiseaux qui volent au-dessus de vous... Le bambou qui bouge avec la brise... Ce rayon de soleil qui caresse le sol... Les couleurs de l'arc-en-ciel... L'eau qui coule dans la fontaine.

Libérez-vous et transformez-vous en tout ce dont vous voulez ! Réveillez le rêveur au fond de vous !

2

•••

FORTS, LIBRES ET NOMADES

Reconnectez-vous au monde naturel

Peut-être avez-vous déjà entendu dire que les très jeunes enfants ne font pas bien la distinction entre leurs parents et eux-mêmes, que, d'une certaine façon, ils ont l'impression de faire partie physiquement de ces personnes qui leur ont donné la vie et desquelles leur survie dépend complètement. Ils ne perçoivent pas encore ces frontières individuelles, cette distinction entre le « toi » et le « moi » que nous intégrons progressivement en grandissant.

C'est d'après moi une métaphore plutôt jolie et parlante pour comprendre notre relation avec la nature. En tant qu'êtres humains, nous faisons partie du monde naturel qui nous entoure. Nous sommes faits des mêmes particules, des mêmes molécules. Nous sommes des organismes vivants nous efforçant de nous adapter et de survivre.

Il y a des milliers d'années, nous étions beaucoup plus proches de la nature, au point que, comme les jeunes enfants, nous ne percevions presque pas les différences entre le monde naturel et l'humain. Nous dormions dans des grottes ou des huttes, sous la protection du ciel, nous ressentions avec force le froid ou la chaleur et les saisons réglaient nos journées. Nous vivions au rythme de la nature.

Nous étions la nature.

Et maintenant... ?

Peu à peu, nous nous sommes éloignés des variations cycliques qui régissent notre planète. Dans les grandes villes, la lumière artificielle couvre les levers et couchers de soleil, la saveur de la nourriture est la même toute l'année, nous nous protégeons si efficacement du froid et de la chaleur que nous ne les sentons presque plus, et nous vivons loin des forêts et des marées qui jadis marquaient le rythme de notre vie.

La plupart d'entre nous mènent des vies plus sûres et plus confortables. Et pourtant, nous sommes confrontés depuis quelque temps à une hausse des problèmes de santé mentale et émotionnelle. Dans le monde entier, malgré l'accès pour beaucoup au confort, à la technologie et à la connexion numérique, la vitesse à laquelle tout change provoque du désarroi et un sentiment d'insécurité, et beaucoup de gens souffrent d'isolement émotionnel, d'anxiété et de stress.

Je voudrais consacrer ces pages à l'une des raisons bien particulières de ce mal-être : notre rapport paradoxal et toujours plus restreint avec le milieu naturel. Et après quelques réflexions, je vous partagerai des façons simples, pratiques et puissantes d'améliorer notre lien avec la nature.

Ce sont nous, les humains, qui sommes à l'origine des changements qui nous affectent. Nous aimons inventer et conquérir.

Et actuellement, la technologie nous donne des ailes qui permettent d'atteindre des objectifs inimaginables il y a de ça quelques années. Mais il n'est pas facile d'absorber autant de changements, ni pour nous ni pour la planète. Nous perdons depuis des décennies, à un rythme effréné, en richesse de la nature et en écodiversité. Et comme nous le savons bien, nous traversons un bouleversement climatique sans précédent, dont le pronostic devient chaque jour un peu plus sombre.

L'impact des êtres humains sur la planète s'est aggravé à tel point que certains veulent changer le nom de notre ère géologique pour refléter cette évolution : d'après les géologues, nous vivons désormais à l'anthropocène, c'est-à-dire à l'ère de l'impact de l'activité humaine sur la Terre.

Nous vivons si vite que même la Terre est stressée !

Heureusement, nous commençons à accepter l'idée qu'un modèle de croissance économique perpétuelle – celui que nous suivons depuis des décennies – met en péril la nature.

Pourquoi la disparition de la biodiversité est-elle dangereuse ?

Depuis quelque temps, de nombreuses voix se sont élevées pour alerter sur le fait que l'appauvrissement de la biodiversité dont nous sommes responsables est en train de créer des conditions propices à l'émergence de nouveaux virus et de nouvelles maladies. « Nous coupons les arbres, nous tuons les animaux ou les envoyons sur des marchés. Nous perturbons les écosystèmes et privons les virus de leurs hôtes naturels... Lorsque cela se produit, ils ont besoin d'un nouvel hôte. Souvent, cet hôte, c'est nous », explique l'auteur et journaliste naturaliste David Quammen.

La destruction des forêts vierges encouragée par l'exploitation forestière, l'extraction minière, la construction de routes qui traversent des zones reculées, l'urbanisation rapide et la croissance de la population rapprochent les humains d'espèces animales que l'on n'avait jamais vues si exposées auparavant. Les conséquences ne sont pas seulement éthiques, elles affectent beaucoup d'autres domaines. À ce propos, le Centre américain pour le contrôle et la prévention des maladies (US CDC) a montré que les trois quarts des maladies nouvelles ou émergentes seraient d'origine animale non humaine, une menace nouvelle et très significative pour la santé, la sécurité et les économies mondiales.

« La perte de la biodiversité devient un facteur important dans l'émergence de certains de ces virus. La déforestation à grande échelle, la dégradation et la fragmentation des habitats, l'intensification de l'agriculture, notre système alimentaire, le commerce des espèces et des plantes, le changement climatique anthropique, tous ces facteurs sont à l'origine de la perte de biodiversité et de nouvelles maladies. Deux tiers des infections et des maladies proviennent désormais des animaux sauvages », affirme Elizabeth Maruma Mrema, secrétaire exécutive du Secrétariat de la Convention sur la diversité biologique aux Nations unies.

Nous ne pouvons pas continuer ainsi encore longtemps, nous ne pouvons pas continuer à détruire la planète comme si elle n'appartenait qu'à nous. Jane Goodall, primatologue, anthropologue et messagère de la paix auprès des Nations unies, prévient : « La pauvreté, la guerre et la violence alimentent la destruction de la nature, tout comme notre consumérisme excessif et notre besoin d'accumuler des choses, ainsi que nos régimes alimentaires. Nous devons arrêter d'acheter des produits aux entreprises qui utilisent l'agriculture industrielle et exploitent la nature. C'est éthiquement discutable et socialement et écologiquement inacceptable. »

Effectivement, une grande partie de la communauté scientifique soutient que, pour éviter de futures crises, nous devons changer de régime alimentaire et adopter une alimentation riche en fruits, légumes et légumineuses, pour le bien des animaux, de la planète et pour la santé de nos enfants. Et bien évidemment, changer notre façon de consommer de la viande, plus seulement par humanité, mais aussi pour notre sécurité sanitaire. Ainsi, Jane Goodall pense que nous sommes en partie responsables de ce dont nous souffrons aujourd'hui à cause de notre manque de respect pour l'environnement, pour les animaux sauvages et les animaux d'élevage.

Le résultat de tout cela est que, bien que nous nous sentions plus en sécurité sur de nombreux aspects de notre vie, nous commençons aussi à prendre conscience du fait que nous courons des risques, que nos actions envers la nature ont des conséquences. Et aussi que, à vivre déconnectés de notre source de vie, de notre essence naturelle, souvent nous nous sentons plus dévitalisés, moins vivants.

Alors que faire ?

Même si la technologie et notre façon de vivre actuelle nous poussent à progresser de façon constante et très rapide, la génétique humaine évolue, elle, très lentement… Chaque être humain du XXIe siècle puise ses racines dans les femmes et les hommes du paléolithique, c'est-à-dire, dans nos ancêtres, qui étaient chasseurs-cueilleurs, forts, libres et nomades.

Cet instinct de liberté et de connexion aux cycles de la nature, que nous avons encore à l'intérieur de nous, cherche à se reconnecter avec le monde naturel.

PETITS GESTES QUOTIDIENS POUR SE RAPPROCHER DE LA NATURE

- Se reconnecter à la terre et à son énergie en se promenant pieds nus et en se baignant dans la mer, des lacs ou des rivières
- Dormir de temps en temps à la belle étoile
- Boire de l'eau de source
- Se documenter sur les plantes médicinales et comestibles et les intégrer à votre quotidien (vous retrouverez un savoir et une autonomie ancestraux)
- Réduire au maximum l'usage du plastique
- Réduire au maximum la consommation de nourriture industrielle et transformée
- Débuter un projet de jardin ou de potager sur votre balcon
- Respecter au maximum le rythme circadien (voir les propositions page 69)
- Réduire le port de vêtements synthétiques
- Se déconnecter complètement de la technologie au moins un jour par semaine
- Se documenter sur les oiseaux qui vous entourent, et, si vous le pouvez, leur bâtir un abri
- Faire des exercices de respiration en conscience, c'est-à-dire respirer, pas uniquement avec la poitrine, mais en remplissant d'air le ventre et le diaphragme

Le naturaliste Joaquín Araújo dit que nous sommes ce que nous sommes parce que nous avons un jour été nous-mêmes la forêt : « En réalité, nous sommes une forêt qui un jour est descendue des branches et s'est mise à marcher. » Nous sommes face à un défi complexe et urgent : trouver le juste milieu entre notre mode de vie contemporain et nos instincts et besoins les plus profonds. À ce propos, le naturaliste Benigno Varillas nous invite à « nous battre pour retrouver l'architecture mentale que nous avions il y a dix mille ans et que nous avons perdue lorsque nous avons commencé à domestiquer et à être possessifs et violents. Vous rendez-vous compte que, en domestiquant les plantes et les animaux, nous les rendons plus faibles car ils dépendent de nous pour survivre ? Et c'est la même chose pour nous : dans nos environnements artificiels, nous ne pouvons pas survivre par nous-mêmes. Nous abandonnons notre liberté et notre indépendance au profit du confort et de la sécurité ».

On a donné à ce sentiment de déconnexion et de tristesse existentielle le nom de « souffrance écologique » ou de « syndrome de manque de nature », une forme de souffrance résultant de l'appauvrissement de notre environnement naturel et de la déconnexion avec lui. La journaliste Lucy Jones décrit ce phénomène en racontant la période où elle a souffert de dépression et d'addictions : « Trois des quatre éléments qui m'ont aidée à me rétablir étaient des choses claires et précises : la psychiatrie, la psychothérapie et le soutien des autres. Le quatrième élément était plus mystérieux. J'ai ressenti le besoin pressant d'être entourée d'arbres, d'oiseaux, de fleurs et de plantes... Au début, je ne me rendais pas compte que l'essence de la nature – la géométrie, les odeurs, les sons, les couleurs, les textures et sa chimie – avait le pouvoir de me transformer, mais cela m'est vite apparu de plus en plus évident. »

La nature nourrit, émerveille, réconforte et soigne. Et pas seulement parce que presque tous nos remèdes proviennent du milieu naturel, mais aussi parce que nous en faisons partie.

Entre 1972 et 1981, une étude scientifique célèbre de Roger Ulrich a passé en revue les dossiers médicaux de 46 patients se remettant d'une opération chirurgicale de la vésicule biliaire. Certains d'entre eux se sont vu attribuer au hasard un lit d'hôpital avec vue sur des arbres à feuilles caduques, d'autres donnaient sur un mur de briques. Ceux qui voyaient les arbres faisaient des séjours postopératoires plus courts, prenaient moins d'analgésiques et avaient moins de complications. Et pourtant, quarante ans plus tard, les hôpitaux sont toujours des environnements « stériles », dépourvus de plantes, comme le fait remarquer l'écrivain et penseur Alan Levinovitz : « Une vision intuitive et raisonnable de la guérison humaine devrait prendre en compte, plutôt que de l'exclure systématiquement, l'importance d'être proche de sources de vie naturelles, en facilitant par exemple les promenades dans les jardins à l'hôpital. »

Les preuves scientifiques sont claires : lorsque nous passons du temps en forêt ou dans un jardin, plongés dans des environnements riches en sons naturels, tels que le bruit de l'eau ou le chant des oiseaux, notre corps se recharge en sérénité, en repos et en sécurité, la production de dopamine dans notre cerveau augmente et notre système immunitaire se renforce.

Ainsi, pour se calmer et se régénérer sur une planète stressée, se tourner vers la nature apparaît comme une méthode simple et très efficace.

Pourquoi la nature nous apaise et nous régénère

Nos ancêtres avaient de meilleures chances de survie s'ils s'installaient à proximité d'un point d'eau, s'ils bénéficiaient d'un abri et de nourriture prodigués par une végétation dense et s'ils cohabitaient avec des animaux domestiques tels que des chiens, des chèvres et des moutons. L'amour des humains pour la nature est ancré dans cette dépendance évolutive.

De nombreuses études ont montré les bienfaits des espaces verts pour la santé. Trois éléments, au moins, participent au fait que la nature est plus adaptée que les zones urbaines pour se régénérer et se remettre du stress :

* nous ne cherchons pas à contrôler notre attention : quand nous sommes immergés dans la nature, nous utilisons un type d'attention non sélective, contrairement à l'« attention dirigée » habituelle, qui nous oblige à nous concentrer pour occulter les stimuli qui nous distraient. L'attention non dirigée détend, régénère et nous rend également plus créatifs ;
* nous avons le sentiment de faire partie d'un tout : la grandeur de la nature nous aide à nous déconnecter, à garder une vision pure, à nous apaiser grâce aux sentiments d'attachement et d'appartenance qu'elle génère ;
* au sein de milieux naturels, nous activons notre corps et notre esprit de manière saine : nous y pratiquons nos loisirs, nous y respirons un air plus pur, nous bougeons...

Mais la plupart des gens qui vivent en ville – et, d'après les Nations unies, cela concernera 70 % de la population mondiale dans les prochaines décennies – se rendent de moins en moins fréquemment dans des espaces naturels et cela leur est de plus en plus douloureux. Nous tournons chaque jour un peu plus le dos à la nature. Mais nous oublions que nous en faisons partie et que nous en avons besoin. En général, nous ne reconnaissons pas les bienfaits de la nature dans la vie des gens, pas plus que nous ne les traduisons objectivement et prioritairement dans la législation et dans les règles d'urbanisme, ou que nous ne prenons soin de l'environnement en réfléchissant à la façon de favoriser la biodiversité. Nous recouvrons le sol de bitume, nous coupons les arbres, nous les taillons à l'aveugle, nous ne prenons pas en considération les besoins des différentes espèces en les faisant venir dans nos villes… Nous remplissons nos rues de bruit et de pollution.

La pollution sonore

Parvenez-vous à travailler et à dormir sans être gêné par les bruits excessifs de la circulation, des bars et des passants ? Si c'est le cas, vous avez de la chance. Un Européen sur cinq est soumis à des niveaux de bruit excessifs, et ce chiffre devrait augmenter au cours de la prochaine décennie en raison du développement de l'urbanisation, des routes, des avions, des trains et des industries bruyantes. D'après l'Agence européenne pour l'environnement, l'excès de bruit engendre du mal-être, des maladies physiques et psychologiques et provoque environ douze mille décès prématurés par an. Il est également associé à une augmentation des maladies cardiaques, du stress et des insomnies.

La faune aussi est touchée : le bruit affecte les capacités de communication des oiseaux et réduit leurs populations.

Il existe de nombreux moyens de réduire le bruit : privilégier les véhicules électriques, la marche à pied et le vélo, recouvrir les routes d'un asphalte plus lisse, mieux gérer le trafic, réduire les vitesses autorisées ou sensibiliser la population à l'importance des espaces verts.

Il est intéressant de noter que l'Agence européenne pour l'environnement a accusé les États membres de l'Union européenne d'entraver ses recherches et de ne pas prendre les mesures nécessaires pour lutter contre la problématique de la pollution sonore.

Le naturaliste Carlos de Hita a passé trente ans à enregistrer les environnements sonores de nos forêts. Lorsqu'on lui demande ce que la majorité d'entre nous, et en particulier les urbains, perdent à vivre le dos tourné au monde naturel, il répond : « D'une part, une grande source de satisfaction, à travers tout ce que la nature peut offrir, ce qu'on peut y voir, y entendre et y sentir. Cette perte de contact est directement liée à la crise environnementale : loin des yeux, loin du cœur, peu importe ce qu'on peut faire à la nature, y compris si on la détruit ; d'autre part, l'observation de la nature et l'environnement sonore qui nous donnent suffisamment de signes avant-coureurs de la crise que nous vivons. L'environnement sonore s'appauvrit de plus en plus. Au cours des trente dernières années, le nombre d'animaux sur Terre a diminué de 30 %. Cela signifie que pour dix alouettes vivantes lorsque j'ai commencé à faire mes premiers enregistrements, il n'en reste que sept aujourd'hui. La population de grillons a diminué en flèche et le bourdonnement des abeilles, qui couvrait tout lorsque j'essayais d'enregistrer en été, n'est plus un "problème". Tous ces signes suffisent à témoigner de la crise environnementale galopante qui s'abat sur nous. »

Au cours des dernières décennies, nous avons pris l'habitude de normaliser la relation toxique entre les humains et le reste de la nature, comme si nous n'en faisions pas partie. De surcroît, pendant des siècles, nous avons entretenu une relation avec la nature dans laquelle nous agissons en conquérants, en nous octroyant le droit de dominer et de nous servir. Nous ne nous comportons pas comme des êtres vivants qui partagent la planète avec d'autres êtres et qui ont une responsabilité morale envers les autres espèces, la faune, la flore, les rivières, les mers ou les montagnes.

C'est un mode de pensée encore courant, mais dépassé et inapproprié, qui heureusement est de plus en plus remis en question. Dans le monde entier, chaque jour, de plus en plus d'individus et de groupes réclament des modes de vie qui n'excluent, ne méprisent et n'agressent pas les autres.

C'EST LA RAISON POUR LAQUELLE, DANS LES PAGES SUIVANTES, JE VOUDRAIS VOUS FAIRE DIFFÉRENTES PROPOSITIONS GRÂCE AUXQUELLES NOUS POURRONS EN CONSCIENCE NOUS RECONNECTER À NOTRE ESSENCE ET AU MILIEU NATUREL.

LE POUVOIR DES MOUVEMENTS NATURELS

NOUS NE SOMMES PAS FAITS POUR ÊTRE ASSIS DIX HEURES PAR JOUR !

Au lieu de compter sur des exercices de musculation répétitifs développant une musculature déséquilibrée et artificielle, suivons plutôt l'exemple de nos ancêtres : des mouvements constants et naturels favorisés par le mode de vie actif et nomade qui était le leur. Pour réintégrer dans votre quotidien des mouvements naturels, vous pouvez pratiquer les gestes et les routines suivants :

- amusez-vous à effectuer des mouvements naturels : marchez, courez, sautez, rampez, escaladez, portez un peu de poids, lancez des objets, attrapez, restez en équilibre…
- si c'est possible, déplacez-vous à pied ou à vélo ;
- utilisez les escaliers plutôt que l'ascenseur pour monter (en revanche, évitez de les descendre, c'est plus risqué et mauvais pour le dos !) ;
- lorsque vous êtes devant l'ordinateur, alternez entre une chaise et le sol, entre vous tenir accroupi et debout pendant que vous travaillez ;

- si vous avez du temps à tuer, par exemple pendant vos déplacements, profitez-en pour bouger ! Plus d'une fois, il m'est arrivé de faire des squats sur les quais de la gare, malgré les regards amusés de certains passagers ;
- « surfez » debout dans les wagons du métro en marche, en essayant de ne pas vous tenir avec les mains et en utilisant vos pieds pour garder l'équilibre ;
- retirez quelques chaises de la maison… et dansez dans la cuisine pendant que vous préparez le dîner !

LIBÉREZ VOS PIEDS !

Le coach Tony Riddle est l'un des initiateurs du *rewilding*, un mouvement international qui prône le retour des humains à un état plus naturel et sauvage. Il propose de remettre en question certains aspects de notre mode de vie actuel, qui comporte des habitudes relativement récentes qui, au fond, ne sont adaptées ni à la psyché ni à la biologie des humains. La façon dont nous traitons nos pieds en est un excellent exemple.

Pourquoi portons-nous des chaussures plus étroites à l'avant qu'à l'arrière ? À l'inverse de la forme naturelle d'un pied ! Les orteils sont faits pour s'ouvrir et s'accrocher à la terre. Chez moi, les plus jeunes rigolent beaucoup en me voyant remuer les orteils comme des petits doigts. Il s'agit de regarder ses pieds avec des yeux différents !

Voici donc une suggestion : au cours des prochains jours, découvrez vos pieds ! Comment ? Si vous ne l'avez jamais fait, essayez : enlevez vos chaussures, écartez largement vos orteils, en agrippant le sol, et jouez avec vos pieds. Massez-les, sentez-les, considérez-les comme vos racines… Vous avez plus de cent muscles dans les pieds ! Marchez pieds nus, tous les jours, et envisagez de dire adieu aux talons, et de porter, autant que possible, ce que les Britanniques appellent des *sensible shoes*, des chaussures avec du bon sens, dont le confort l'emporte sur l'esthétique. Vous allez non seulement améliorer la constitution de vos pieds, mais lorsque vous marcherez pieds nus, vous capterez la charge électrique négative de la surface de la terre. Ces électrons libres sont antioxydants et anti-inflammatoires. En revanche, lorsque vous marchez avec des chaussures aux semelles en caoutchouc et en plastique, vous bloquez considérablement ce flux d'électrons. Porter des chaussures épaisses altère également la perception sensorielle de votre pied.

RESPECTEZ VOTRE RYTHME CIRCADIEN

Toute ma vie, j'ai entendu mon père, qui était un grand blagueur, appeler la montre qu'il portait au poignet sa « machine à remonter le temps ». Avant les montres, c'est le soleil qui permettait aux gens de garder la notion du temps, fondé sur les rythmes de la nature. Les hommes se réveillaient avec la lumière du soleil, et s'endormaient quand il se couchait. De fait, notre code génétique a tendance à réagir fortement aux signaux lumineux.

Aujourd'hui, les scientifiques décrivent cette horloge interne comme notre rythme circadien, une horloge biologique qui fonctionne au rythme de la lumière et de l'obscurité et que tous les êtres vivants possèdent de manière innée.

Les rythmes circadiens sont essentiels : ils déterminent nos habitudes de sommeil et d'alimentation, et sont clairement liés à de nombreux autres schémas qui régissent notre corps : les ondes cérébrales, la production d'hormones, la régénération cellulaire...

L'essor de l'horloge mécanique a signé la fin d'une grande partie de notre dépendance à l'égard du temps naturel, et progressivement nous en sommes arrivés à vivre tellement coupés des cycles naturels qui nous réglaient que, dans une certaine mesure, à force de les ignorer, nous les avons oubliés. Nous nous couchons quand nous éteignons la lumière électrique et nous nous levons même s'il fait nuit noire. À la fin de la journée, au lieu de nous reposer et de tamiser les lumières, nous nous lançons dans une batterie d'obligations domestiques et familiales, suivies de périodes d'exposition à la lumière des écrans et des téléviseurs.

Cependant, nos rythmes circadiens d'origine sont toujours là. De nombreuses études ont montré que la perturbation prolongée des rythmes circadiens essentiels, comme le cycle jour/nuit, entraîne des conséquences telles que la prise de poids, l'impulsivité, le ralentissement psychomoteur et d'autres changements physiologiques chez les souris, semblables à ceux observés chez des personnes aux horaires de travail décalés (nuit) ou en décalage horaire. Il faut notamment souligner l'augmentation du risque de dépression, d'obésité et de diabète, ainsi que la hausse des inflammations chroniques, du stress oxydatif, et l'augmentation de la pression artérielle… Ignorer nos rythmes circadiens affecte sérieusement notre corps et notre esprit.

Pour retrouver un rythme plus naturel, vous pouvez pratiquer ces petits gestes, apparemment anodins mais qui peuvent vous aider à mieux dormir et mieux vivre[1] :

- ✓ tranquillité la nuit, activité la journée : faites de l'exercice ou promenez-vous à un rythme soutenu le matin, pour stimuler l'organisme la journée et trouver plus facilement le sommeil le soir ;
- ✓ exposez-vous à la lumière du jour : cela favorise la synchronisation du rythme circadien. Faites une balade, allez au travail à pied, garez votre voiture un peu plus loin de façon à vous obliger à marcher davantage, faites du vélo…
- ✓ réglez-vous sur la lumière naturelle : lorsque vous vous réveillez avec le soleil, la lumière est claire pour activer le corps et l'esprit, à midi, son spectre bleu permet de rester alerte, et le soir, elle devient

1 Ces propositions sont inspirées du livre de Kiki Nárdiz *Ser salvaje en el siglo xxi*. Vous trouverez plus d'exemples sur le blog Rewilding Drum.

orange pour entraîner un état propice à la relaxation et au repos. Les éclairages électriques sous lesquels nous passons tant de temps nous maintiennent artificiellement en éveil et inhibent la production de mélatonine, l'hormone qui favorise le sommeil. Envisagez d'avoir recours à des applications qui changent la lumière bleue en lumière orange en fin de journée ;

- ✓ baissez les lumières à la tombée de la nuit : vous reproduisez ainsi les rythmes lumineux de la nature. Le soir, optez dans la mesure du possible pour une lumière d'ambiance et des bougies, et utilisez des huiles essentielles relaxantes pour entraîner un état de sérénité et de calme. Personnellement, j'utilise un petit appareil dans lequel je verse mes huiles préférées, comme l'eucalyptus, qui me rappelle mes étés dans les forêts de Galice ;
- ✓ retirez les appareils électroniques de la chambre : c'est un conseil qui revient souvent, mais que nous avons du mal à suivre. Il s'agit de nous tenir à distance aussi bien des sources de lumière bleue (qui excitent) que des champs électromagnétiques et, bien évidemment, des contenus de nos écrans qui peuvent nous stimuler avant de dormir.

RESPIREZ

Respirer est un geste si naturel et inconscient que nous oublions parfois son importance, le rôle qu'il joue dans notre survie, mais aussi dans notre oxygénation et dans notre régénération.

Avez-vous déjà remarqué que, après un long moment dans un environnement fermé et peu ventilé, vous finissez par vous sentir fatigué, somnolent, par avoir mal de tête ou l'impression de vous sentir mal ? Et puis, dès que vous sortez de cet espace clos et que vous retrouvez l'air frais, vous revivez !

L'air est chargé d'ions, ces particules positives ou négatives. Les ions négatifs, minuscules et fragmentés, possèdent une charge négative mais aussi un électron supplémentaire, produit par les molécules d'eau. Cela explique pourquoi les ions négatifs sont abondants près des sources d'eau : étangs, marais, rivières, cascades ou mers. L'air pur transporte une grande quantité d'ions négatifs. Les cascades, par exemple, contiennent entre trente mille et cent mille ions négatifs par centimètre cube.

C'est l'une des raisons pour lesquelles il est si vivifiant de nager, de prendre une douche ou un bain.

Et qu'en est-il des lieux clos et mal ventilés ? Les particules polluantes (produits chimiques toxiques, fumée dans l'air...) se présentent sous la forme de gros ions chargés positivement. Un bureau mal aéré ou l'intérieur d'une voiture peuvent en contenir entre quelques centaines par centimètre cube et aucun. Le manque de molécules d'eau explique en partie pourquoi nous sortons de ces environnements avec la peau et la gorge sèches. Lorsque l'air est pollué, les ions positifs attirent et neutralisent les ions négatifs et l'air est dévitalisé. L'air de la campagne présente un rapport entre les ions négatifs et les ions positifs d'environ 3 pour 1, alors que l'air pollué des villes présente un rapport d'environ 12 ions négatifs pour 500 ions positifs.

L'air pur transporte une immense quantité d'ions négatifs. Ces ions débarrassent l'air des bactéries et des odeurs, mais ils influent également sur les niveaux de sérotonine dans le cerveau. C'est un anti-dépresseur naturel !

Où que vous soyez, rechargez-vous en ions négatifs ! Promenez-vous dans un parc, trouvez une source d'eau naturelle, prenez une douche, asseyez-vous dans un jardin vert... ou simplement ouvrez une fenêtre et respirez. Il existe aussi des plantes d'intérieur qui sont très efficaces pour purifier l'air des toxines et générer des ions négatifs, comme les palmiers bambous, les gerberas ou les ficus. Choisissez toujours des matériaux naturels tels que le coton, le lin, le bambou ou le bois, faites sécher vos vêtements à l'air libre et, si possible, évitez d'utiliser le sèche-linge. Essayez également de dormir loin des sources électromagnétiques et des générateurs d'ions positifs, comme les téléviseurs ou les climatiseurs.

Nous savons que l'utilisation de matériaux synthétiques (polyester, plastique ou bois traité chimiquement) dans un logement augmente la quantité d'ions positifs et génère davantage d'électricité statique. Ces ions ont un impact sur les niveaux de sérotonine des personnes qui vivent dans ces espaces et peuvent entraîner des effets secondaires, comme des comportements léthargiques ou des maux de tête. Respirer un air tel que celui-ci est un peu l'équivalent de se nourrir de malbouffe.

Après avoir passé du temps dans une pièce fermée et chauffée, nous nous sentons fatigués ; cela s'explique par le fait que ces environnements génèrent plus d'ions positifs que d'ions négatifs.

METTEZ LES MAINS DANS LA TERRE[2]

« J'ai commencé à planter des fleurs et des plantes pour les regarder pousser. L'une des premières choses que j'ai remarquées, c'est que, après avoir jardiné, après avoir plongé mes mains dans la terre, je me sentais heureuse, optimiste, moins stressée et globalement plus positive. En me documentant sur le sujet, j'ai découvert qu'il y avait peut-être une raison biologique à cela. On a découvert que l'une des espèces de bactéries présentes dans le sol, la *Mycobacterium vaccae*, avait un effet sur le cerveau et augmentait la résistance au stress. En 2004, à l'hôpital Royal Marsden dans le Surrey, des patients vaccinés avec cette bactérie ont déclaré se sentir plus heureux. Comme l'a indiqué à l'époque le Dr Christopher Lowry, l'un des plus grands neuroscientifiques dans le domaine : "Ces études nous amènent à nous demander si nous ne devrions pas tous passer plus de temps à jouer dans la terre." Notre microbiote est plus sain lorsqu'il est diversifié – et un microbiote s'enrichit dans des environnements remplis d'organismes variés, que l'on trouve plus abondamment à l'extérieur. Nous sommes interconnectés à la terre, à des écosystèmes plus vastes, bien plus que nous ne le réalisons. »

2 Une proposition de la journaliste Lucy Jones.

Les effets bénéfiques des chiens

Plusieurs recherches indiquent que notre bien-être est intimement lié aux liens d'affection, et pas seulement aux liens avec d'autres personnes, mais aussi avec d'autres espèces et avec le monde naturel. Vous avez un chien ? Les dernières études sur la thérapie animale montrent que les effets de notre relation avec d'autres animaux peuvent être puissants, surtout lorsqu'il s'agit de chiens. Une relation homme-chien réduit les niveaux de solitude et de dépression. Comme le dit la militante Marion Janner, « les chiens nous aiment inconditionnellement. Ils sont le summum de l'égalité des chances – totalement indifférents à la race, au genre, au signe astrologique, au CV, à la taille des vêtements ou à la capacité d'être cool sur la piste de danse. La simplicité et la profondeur de cet amour sont une joie continue, sans oublier les bienfaits pour la santé des promenades quotidiennes et les plaisirs sociaux des discussions avec d'autres promeneurs de chiens. Ils apprennent aux enfants à être responsables, altruistes et compatissants et, de manière précieuse bien que triste, à faire face à la mort d'une personne que vous aimez ».

D'où viennent ces effets thérapeutiques ? L'un des effets les plus observés est celui que les chercheurs en sciences sociales appellent la « reconnaissance sociale », c'est-à-dire le fait de savoir qu'un autre être est important et significatif pour vous. Le lien entre le chien et l'homme peut être, selon les dernières études, similaire à celui entre les parents et leurs enfants. Cette reconnaissance sociale a un impact radical sur notre santé mentale ; sans ce lien, nous nous sentons plus seuls, nous sommes plus vulnérables à la dépression et nous pouvons présenter des symptômes de mal-être physique.

NAGEZ DANS UN LIEU SAUVAGE

Les chefs de file du mouvement de retour à la nature, le *rewilding*, ont également des propositions plus radicales, comme les bains d'eau très froide, dont on sait avec certitude qu'ils améliorent la digestion et le système immunitaire. J'aime beaucoup mes bains d'eau froide dans les rias de Galice, bien que je ne le fasse qu'en été... Le moment est peut-être venu de prendre ces bains encore plus froids en automne ou au printemps !

Ce dont je me souviens, c'est de m'être réveillée avec le nez gelé dans l'internat où j'étudiais en Angleterre... Chaque année, nous étions fiers de remporter le concours des internats qui dépensaient le moins en chauffage de toute l'Angleterre ! Je crois que c'est à ces hivers, traversés avec le minimum de confort et un froid certain, que je dois ma tolérance aux faibles températures : j'aime les environnements frais, je marche toujours pieds nus chez moi, même dans le jardin en plein hiver, et je ne sais pas s'il y a un rapport mais je n'ai presque jamais attrapé de rhume !

Nager dans des eaux froides et sauvages est une activité qui a toujours attiré les gens. Certains poètes romantiques, tels que Coleridge, Byron ou Keats, le faisaient régulièrement. Cette tradition s'appelait à l'époque l'hydromanie. Se baigner dans des eaux naturelles nous a toujours permis de nous reconnecter avec la nature, une expérience à la fois spirituelle et physique.

Aujourd'hui, il existe également un mouvement qui revendique les bienfaits de la nage en plein air, notamment en Grande-Bretagne ou dans les pays nordiques, où de fortes traditions aident les gens à ne pas perdre leur lien avec la nature, d'autant plus ces dernières années avec la crise climatique et nos modes de vie urbains.

Ceux d'entre nous qui vivent en ville ont peu d'occasions de se trouver au contact de la nature : nous utilisons généralement les transports publics ou la voiture pour nous déplacer, nous n'avons pas d'espace pour planter et cueillir notre propre nourriture, nous ne reconnaissons pas les différents chants d'oiseaux, nous vivons souvent dans des appartements fermés et les villes ont tendance à gommer les différences entre les saisons...

Nager en plein air de temps en temps peut être un excellent moyen de prendre un bain de nature, de communiquer avec elle et une occasion de plus de ressentir notre appartenance à la planète.

LES BAINS DE FORÊT

Je partage avec vous des gestes simples et concrets qui peuvent nous aider à nous reconnecter avec la nature dont nous sommes issus… Je suis particulièrement enthousiaste à l'idée de vous parler d'une tradition qui permet de le faire, une tradition surtout présente à deux endroits du monde : les pays nordiques et le Japon. Ce sont les bains de forêt.

Qu'est-ce qu'un bain de forêt ? Au Japon, on l'étudie et on le pratique depuis plus de trois décennies. Il s'inspire des pratiques shintoïstes, taoïstes et bouddhistes qui encouragent la communication avec la nature. L'objectif est à la fois de protéger les forêts qui occupent 70 % du pays et d'apporter une réponse thérapeutique à des problématiques urbaines, comme à Tokyo ou à Kyoto, des villes envahies par la technologie, le béton, l'accélération et le stress, et dont les habitants aspirent à plus de contact avec la nature.

Il existe de nombreuses études sur les effets thérapeutiques physiques et psychologiques des forêts. Alors que dit la science ? Selon les immunologistes et les spécialistes en médecine forestière, les arbres centenaires des forêts anciennes émettent des phytoncides, des substances volatiles produites par les arbres ligneux et qui, lorsque nous les respirons, ont de multiples bénéfices : ils activent et renforcent le système immunitaire, régulent les niveaux de cortisol – l'hormone du stress – et de glucose, ils calment le système nerveux, les processus inflammatoires et l'insomnie, stabilisent la pression artérielle et le rythme cardiaque et améliorent la concentration et la créativité.

Écoutez ça : les effets sur le corps humain d'un bain de forêt d'une heure peuvent durer jusqu'à 30 jours !

Pour bénéficier des bienfaits des bains de forêt, aucune technique ou aucun effort particulier ne sont nécessaires. Il suffit d'aller dans une forêt, avec vos cinq sens, de faire une promenade relaxante, de vous plonger dans sa beauté, de profiter de l'explosion de sensations, de couleurs, d'odeurs et de textures qui vous entourent... En bref, il s'agit d'arrêter de vivre dans sa tête pour vivre sur terre.

Il existe une pratique similaire dans la continuité de la méditation : marcher en pleine conscience, en vous concentrant sur vos ressentis, sur les mouvements de vos pieds, sur les odeurs, les sons et le moment présent. Le poète et moine bouddhiste Thích Nhất Hạnh en parle en ces termes : « Marchez comme si vous embrassiez la terre avec vos pieds. »

De cette façon, vous calmez votre mental et vous vous recentrez immédiatement. Cette pratique fait le lien entre la méditation et les petits rituels de pleine conscience que nous pouvons pratiquer de manière informelle au quotidien.

Je me souviens que, la première fois que j'ai pris un bain de forêt, il pleuvait. J'étais trempée mais ça ne me dérangeait pas, il y a peu de sensations aussi réconfortantes que l'odeur de la terre humide ou de l'herbe chargée de gouttes de pluie... Le vent secouait les branches des arbres de cette forêt luxuriante de Galice et je sentais chaque goutte glisser sur ma peau, le parfum de la mousse, mes bottes s'enfoncer dans la terre sous mes pieds. Et je me sentais reconnectée à une force tellurique, à quelque chose de plus grand que moi : la terre mère, la nature.

C'est à ce moment-là que j'ai pris conscience d'une chose : lorsque nous nous laissons porter par le quotidien et que nous accélérons physiquement ou mentalement, la vie semble se brouiller ; mais lorsque nous ralentissons, la vie refait surface et nous la percevons de mille façons : à travers le vol joyeux d'un oiseau, notre main qui caresse l'herbe fraîche, le vent qui siffle dans les branches des arbres ou la joie qui nous envahit à l'occasion d'une promenade insouciante dans la forêt. Ce sont ces moments qui nous régénèrent et nous rendent heureux.

Pour clôturer ces pages, je vous réserve quelque chose de spécial, une invitation à vous reconnecter avec le monde naturel. Nous avons parlé des bains de forêt, cette manière simple et puissante de se reconnecter à notre essence... Nous avons aimé réfléchir à des moyens simples pour revenir à la vie naturelle, à ce qui est facile et spontané.

Je vous propose de pratiquer ensemble une petite méditation très spéciale. Je l'exécute de temps en temps à la fin de mes séances de yoga, ou quand je suis préoccupée, quand j'ai du mal à dormir, ou simplement quand je veux prendre un bain de nature. Je l'apprécie beaucoup parce qu'elle m'aide à me reconnecter à l'essentiel, à l'énergie propre au monde naturel qui nous donne la vie et nous nourrit.

Une méditation pour se reconnecter à la nature

Allongez-vous et fermez les yeux... Respirez calmement, profondément... Prenez quelques instants pour vous reconnecter à notre planète, pour sentir qu'elle vous entoure et qu'elle vous donne la vie... l'air que vous respirez... un coucher de soleil, avec ses merveilleuses couleurs changeantes... nager dans la mer, plonger dans l'eau... lever les yeux et contempler les montagnes majestueuses, immenses... Pensez aussi à toutes ces manifestations de la beauté humaine qui nous accompagnent tout au long de la vie... le geste généreux d'un ami... ou la joie et la créativité innées chez tous les êtres vivants... Profitez de ce moment pour reconnaître le miracle d'être en vie sur cette planète... à cet instant particulier... Vous êtes ici... Entouré de toute la beauté de notre planète...

Maintenant, donnez-vous la permission et l'espace pour vous sentir reconnaissant d'être en vie... Visualisez dans votre tête tous les cadeaux et toutes les bonnes choses de notre planète, celles que vous appréciez le plus...

Concentrez-vous sur la façon dont vous ressentez votre corps maintenant... Ressentez-vous de la chaleur ou une ouverture spéciale ? Si oui, installez-vous dans cette sensation physique de bien-être... Laissez-la envahir votre corps, laissez-la vous réconforter, comme une vague de bien-être... Si vous ressentez plutôt de la résistance, ce peut être une raideur ou une tension, ce n'est pas grave, ouvrez-vous à cette résistance, soyez curieux et laissez-vous aller... Respirez profondément, remplissez d'air votre ventre et vos poumons… et laissez l'air s'échapper… Respirez lentement et profondément, à votre rythme, accueillez ce que vous ressentez… en inspirant… en expirant… laissez faire…

Et maintenant, redirigez doucement votre attention sur les belles choses que cette planète vous a données, sur les personnes, les animaux et les plantes que vous aimez… l'air que vous respirez… le parfum d'une rose… la gentillesse inespérée d'un inconnu… le rire d'un bébé… la vie elle-même… Réalisez les cadeaux que la nature vous a offerts… et autorisez-vous à ressentir de la gratitude envers cette planète et envers tous les êtres et choses magnifiques qui vous accompagnent et vous entourent… Tout ce qui est simple et essentiel… Remerciez-les dans votre esprit… Dites « Merci »… Et en même temps, ressentez cette gratitude s'installer et grandir en vous…

Avant de terminer cette méditation, réfléchissez à la manière dont vous pourriez exprimer en conscience votre gratitude aujourd'hui : envoyez de douces pensées à la terre, inspirez de l'énergie pour vous remplir de force et expirez des sentiments d'amour et de paix pour tout le vivant autour de vous…

3

•••

LUTTEZ, LES GARS !

Vivez comme les grands optimistes

À quelle époque auriez-vous aimé naître ?

Au temps de l'Égypte ancienne ? de l'Empire romain ? Au Moyen Âge ou à la Renaissance ? À l'époque victorienne ? Pendant les Années folles ?

Ou aujourd'hui, au XXIe siècle ?

Et si vous étiez une femme ? Un migrant ? Une personne homosexuelle ? Une personne souffrant d'une maladie ou avec un handicap ?

Si vous avez choisi le XXIe siècle, c'est qu'intuitivement vous savez que nous vivons à une époque extraordinaire. Jamais nous n'avons eu les opportunités, la connaissance et la technologie actuelles pour apprendre, convaincre et écouter, pour n'abandonner personne derrière, sans fermer les yeux, mettre à l'écart, mépriser ou ignorer nos semblables.

Si nous pouvions choisir le meilleur moment pour venir au monde, le plus rationnel serait d'opter pour les vingt-cinq dernières années. Nous vivons à une époque relativement privilégiée : la pauvreté mondiale s'est réduite à un rythme sans précédent, la démocratie et l'alphabétisation se sont déployées, l'espérance de vie a augmenté et nous disposons même de technologies nous permettant de relever les nouveaux défis tels que le changement climatique.

Depuis quatre cents ans, l'humanité a parcouru un long et lent chemin, parfois plus lent que nous ne l'aurions souhaité, nous rapprochant chaque jour un peu plus de la justice et de l'égalité.

Mais évidemment, le changement et le progrès ne sont ni faciles ni automatiques ! Le cerveau humain a passé quarante mille ans à faire les choses d'une certaine façon. Et aujourd'hui, au XXIe siècle, les changements des siècles derniers se poursuivent, et même s'accélèrent. Comment notre cerveau réagit-il face à une telle avalanche de transformations dans nos vies ?

Ce qui est certain, c'est qu'il fait souvent de la résistance au changement. Le cerveau humain se fiche que vous arriviez jusqu'à l'heure du coucher en vous sentant heureux, créatif, empathique ou honnête... Ce dont il se soucie, c'est que vous y arriviez en vie ! D'un point de vue évolutif, nous sommes programmés pour survivre, et, de fait, nous avons un biais négatif, à savoir un pessimisme restrictif et prudent.

Il existe d'autres raisons qui nous poussent à être plutôt pessimistes, malgré des données objectives et des réalités porteuses d'espoir. Vous êtes-vous déjà demandé pourquoi nous avons du mal à remarquer les bonnes nouvelles ?

« Il y a des milliers de millions de changements positifs dont on ne parle pas car ils se font trop lentement, par étapes, ou parce qu'ils ne sont pas suffisamment importants pour faire la une des journaux », explique l'économiste Hans Rosling. Nous avons aussi tendance à nous focaliser sur les mauvaises nouvelles parce que notre cerveau, programmé pour survivre, est plus sensible au négatif qu'au positif ; et les médias qui nous bombardent d'informations profitent de ce biais négatif pour nous vendre des contenus essentiellement négatifs.

Mais nous, humains, vivons environnés de paradoxes et de contradictions, imprégnés d'émotions mélangées et contraires. Notre biais pessimiste, destiné à faciliter notre survie, notre tendance à la méfiance et à la prudence, cohabite inévitablement avec un autre biais, également nécessaire à la survie : un biais d'optimisme qui alimente notre désir d'aller de l'avant et nous donne la confiance, parfois aveugle, pour affronter les difficultés avec espoir. Cet espoir nous stimule et nous aide à surmonter les contrariétés et les problèmes.

Peu de gens se disent qu'ils ont 33 % de risque d'avoir un cancer au cours de leur vie, ou plus de 50 % de divorcer, même si c'est ce que révèlent les statistiques ! Cela s'explique par ce que les psychologues appellent le « biais d'optimisme », à savoir notre tendance à penser que nos probabilités de subir quelque chose de désagréable sont inférieures à la moyenne.

Paradoxalement, c'est la nature qui nous dote de ce biais d'optimisme pour nous aider à surmonter les défis que la vie met sur notre route. Certes, l'optimisme peut nous conduire à des comportements plus risqués, mais comme nous l'avons vu tout au long de ce chapitre, il est également source de motivation et de créativité, tout en réduisant nos niveaux d'anxiété et de stress.

Nous pouvons tous faire le choix de vivre soit dans le pessimisme, soit dans l'optimisme.

Et vous, que choisissez-vous ?

Bien que nous soyons confrontés à d'immenses dangers qui pourraient nous conduire jusqu'à l'autodestruction, beaucoup d'entre nous préfèrent être optimistes et penser que le progrès l'emportera, à l'image de l'écrivain Johan Norberg : « L'instinct de survie de l'espèce humaine fait toujours prévaloir le bon sens, même dans les circonstances les plus extrêmes. Je me refuse à croire que la génération de mon fils, les fameux "digital natives", capables d'apprendre l'anglais par eux-mêmes à l'âge de six ans sans aucune autre aide qu'un iPhone, va détruire le monde. Au contraire, je pense qu'ils résoudront la majorité des problèmes que nous avons laissés en suspens grâce à leur maîtrise de la technologie et au développement de leurs immenses capacités cognitives. »

Je suis moi aussi convaincue que l'espèce humaine, *si elle le veut,* peut rendre tout, ou presque tout, meilleur.

Pour ma part, j'ai grandi dans l'ombre – ou dois-je dire à l'abri – d'un grand optimiste, d'un homme qui débordait d'espoir et de confiance en l'avenir qui nous aident à persévérer et à poursuivre des rêves et des objectifs. Comme si c'était une religion, mon père ne croyait pas en la tristesse, au renoncement ou à la résignation. Là où les autres êtres humains peuvent s'essouffler, lui portait cette boussole, ce bouclier protecteur.

Mon père était un optimiste radical. Il vivait dans son propre univers, une planète unipersonnelle où il décrétait lui-même

– et personne d'autre – les lois, et même les canons de beauté. Il se fichait de ce que pouvaient dire les gens, et ne se comparait jamais aux autres. Chaque jour, comme on respire, il esquivait ce qu'il appelait la capacité infinie des gens à se compliquer la vie. Il traversait les castes, les classes sociales et les préjugés qui nous divisent et nous aveuglent. Il ne les regardait pas, il s'en moquait.

J'ai grandi aux côtés d'un homme qui était non seulement profondément optimiste, mais aussi profondément intelligent. C'est la raison pour laquelle j'ai appris à ne pas sous-estimer la force brute que l'optimisme offre à ceux qui l'acceptent et le cultivent. Contrairement à ce que certains peuvent penser, ce n'est pas un don ridicule, ou un lot de consolation pour les imbéciles ou les malheureux. Nous visons la beauté, l'intelligence ou l'argent, mais ce ne sont que des échappatoires ou des ambitions dont nous nous rendons esclaves. Seul un optimiste, même s'il ne possède rien, a presque tout. Et pas uniquement ce que la science considère comme le plus probable – à savoir plus d'amis, une meilleure santé, plus de succès, de meilleures ressources et de meilleures opportunités, qu'il crée lui-même grâce à sa ténacité et sa confiance. Quoi qu'il arrive, l'optimiste profite des rires contagieux, des blagues qui rendent heureux, des souvenirs lumineux, des étincelles vives dans le regard, des sourires quotidiens et généreux comme des étoiles filantes dans un ciel d'août, intangibles et lumineuses.

C'est pourquoi mon père, quel que soit l'endroit où il se trouvait, bénéficiait toujours de la plus belle plage, du meilleur riz, du meilleur chien galeux, des plus beaux Noël, du cadeau le plus inattendu, du fossile le plus vieux, du meilleur moment.

Tout ce qui lui arrivait, en toute modestie, était toujours et sans appel possible la meilleure chose au monde, *the biggest and the best*, grand et beau parce qu'il l'avait décidé, parce que dans chaque chose et dans chaque geste, il voyait le bien. Et ainsi, il profitait toujours de tout et ne se plaignait jamais.

Et lorsque les difficultés arrivaient – et elles sont arrivées –, une fois l'effet de surprise passé, je crois qu'il n'y prêtait plus attention. Au fil du temps, son optimisme, comme un vent frais, les balayait. Quand j'étais enfant, cette joie m'éblouissait et me réconfortait. De toutes ses qualités, si je ne devais en choisir qu'une, ce serait son optimisme sans borne et fertile car c'est grâce à lui que j'aimais la vie que je menais, où que je sois.

Je me souviens de son regard, vert, incrédule, lorsque nous avons appris qu'il avait un cancer et qu'il ne lui restait plus que quelques mois ou quelques semaines à vivre. Il n'a versé aucune larme, n'a pas paru surpris. « Ils ne peuvent pas en être certains », a-il marmonné. Il a fumé sa dernière cigarette avant de se faire enlever la moitié d'un poumon. Il aurait dû mourir, mais il a survécu dix années de plus. C'est que l'optimiste radical possède en lui cette certitude, pour d'autres irrationnelle ou illusoire, que, quoi qu'il arrive, il s'en sortira, même s'il doit s'accrocher obstinément aux restes d'une vie qui vieillit et qui s'assombrit inexorablement. Alors il s'accroche et, plein d'espoir, il attend. Même si, au final, tout comme les désespérés et les cyniques, l'optimiste s'éteint aussi. Mais tant qu'il est en vie, sa vie brille et respire différemment.

Stephen Hawking, un autre grand optimiste et l'un des physiciens théoriciens les plus célèbres au monde, disait que « nous sommes juste une race avancée de singes sur une planète mineure d'une étoile très ordinaire. Mais nous sommes capables de comprendre l'Univers… et c'est cela qui fait de nous quelque chose de très spécial ». Il a vécu des dizaines d'années en fauteuil roulant, handicapé par une sclérose latérale amyotrophique (SLA), traversant les années malgré les pronostics des médecins, un exploit réalisé dans des circonstances extrêmement difficiles, à force de détermination. Ceux qui l'ont connu se souviennent aussi de sa passion, de sa bonne humeur et de son immense curiosité.

« Je suis optimiste, disait-il. Nous allons atteindre les étoiles. »

Dans cet élan de vie, il était accompagné de son collègue, le neurologue Oliver Sacks, un autre combattant infatigable qui aimait la vie. Tous deux ont vécu intensément grâce à ce feu intérieur qu'ils ont su entretenir. Peu avant sa mort, Oliver Sacks a déclaré : « Ce serait mentir d'affirmer que je n'ai pas peur. Mais le sentiment qui prédomine est celui de la gratitude. J'ai aimé et été aimé, on m'a tellement donné, et j'ai donné en retour, j'ai lu et voyagé, et pensé, et écrit […]. Par-dessus tout, j'ai été un être sensible, un animal pensant sur cette belle planète, et cela a été en soi une aventure et un privilège immenses. »

Privilège, gratitude, aventure, amour… ce sont des mots qui accompagnent généralement les plus optimistes d'entre nous. Vous les reconnaîtrez parce que, face aux défis ou dans l'adversité, ils regardent l'avenir avec espoir et pensent que, quoi qu'il arrive, ils peuvent faire des choses, petites ou grandes, pour améliorer leur vie. C'est pourquoi Winston Churchill, l'homme d'État qui a inspiré et dirigé la Grande-Bretagne pendant la Seconde Guerre mondiale, disait : « Un pessimiste voit la difficulté dans chaque opportunité et un optimiste voit l'opportunité dans chaque difficulté. »

Mais l'optimisme est-il vraiment utile ?

Eh bien oui, il l'est ! Nous savons avec certitude qu'être optimiste rend plus heureux, mais également qu'il s'agit d'un atout très précieux pour vivre et grandir sur notre planète si intense et si complexe. L'optimisme est utile car il nous aide à voir de nouvelles opportunités, à tirer des leçons de ce qui nous arrive et à continuer à aller de l'avant. Les optimistes ont généralement plus de succès, de meilleures relations, une plus faible propension à la dépression, de meilleurs revenus, une meilleure santé physique et une plus grande longévité que les pessimistes.

Tali Sharot, psychologue et neuroscientifique spécialisée dans l'optimisme, évoque dans son livre *Tous programmés pour l'optimisme* une étude portant sur des patients de moins de soixante ans atteints de cancer : à pronostic et état de santé similaires, les pessimistes étaient plus susceptibles que les optimistes de mourir au cours des sept premiers mois. Une autre étude a montré que les optimistes se rétablissaient plus rapidement après une chirurgie cardiaque et qu'ils avaient moins de risques de rechute.

En général, les optimistes vivent plus longtemps et en meilleure santé. En plus de moins souffrir de stress et d'anxiété, les personnes optimistes sont plus enclines à suivre les recommandations des médecins, puisqu'elles sont plus confiantes dans leurs chances de guérison. Les optimistes ont la conviction que leurs actions vont servir à quelque chose, alors que les pessimistes ne croient pas autant en leurs capacités et tendent à abandonner plus souvent.

À une époque caractérisée par la vitesse et l'abondance, l'optimisme est plus utile que jamais.

Et donc... quel est le secret des optimistes ?

Dans les pages qui suivent, nous allons examiner ce que font les personnes les plus optimistes pour le rester. Quels sont les comportements, les habitudes et les pensées des personnes optimistes ? Quels sont leurs mots préférés, leurs stratégies, leurs astuces, leur façon de ressentir le monde et de relever les défis ? Comment font-elles pour se réinventer, aller de l'avant, ne pas jeter l'éponge ?

Mais voyons d'abord si vous êtes plutôt optimiste ou plutôt pessimiste...

Commençons par l'un des tests les plus anciens, rapides et connus au monde pour détecter les optimistes !

VOYEZ-VOUS LE VERRE
À MOITIÉ VIDE
OU À MOITIÉ PLEIN ?

Si vous voyez le verre plein.... alors vous êtes sans doute assez optimiste !

Qu'est-ce que cela signifie ? Deux choses très importantes...

Être optimiste est une disposition mentale. C'est avoir la certitude et la confiance que vous êtes en capacité d'agir pour améliorer une situation. Être optimiste, c'est être actif, observer la réalité sous un angle positif.

Et si vous n'aimez pas la réalité que vous voyez, être optimiste signifie être capable de se mettre à l'ouvrage pour la changer.

Dans le cas précis du verre, l'optimiste se dit : « J'ai soif, je peux ajouter quelques glaçons et je vais boire cette eau. »

Et un pessimiste ?

Le pessimiste voit le même verre que l'optimiste, mais l'interprète d'un point de vue négatif et passif : il n'a aucun espoir que les choses s'améliorent d'elles-mêmes, et il ne possède pas non plus la confiance ou l'énergie pour essayer de les changer ou de les améliorer.

Face à un verre d'eau, le pessimiste pense : « Quelle malchance ! Je suis arrivé trop tard, il ne reste presque plus d'eau et en plus elle est tiède. »

Comme le dit le dicton, l'optimiste a toujours un projet et le pessimiste toujours une excuse.

Mais cela peut changer ! Pensez aux prétextes les plus courants que nous inventons lorsque nous sommes pessimistes. L'attitude pessimiste s'accompagne généralement d'un dialogue interne négatif.

LE DIALOGUE INTERNE D'UN PESSIMISTE

— Les phrases vides du type « tu vois toujours le verre à moitié vide » me stressent.

— Je ne suis pas pessimiste, je suis réaliste.

— J'aimerais faire taire cette voix dans ma tête qui dit toujours « oui mais... ».

— Être pessimiste ne veut pas forcément dire que je suis une personne négative, si ? Moi j'aimerais bien que tout se passe le mieux possible.

— Je m'inquiète beaucoup, c'est pour ça que je suis très anxieux.

— Être optimiste nous place dans une position très vulnérable. Je préfère réduire mes attentes et éviter les déceptions.

Si vous pensez ou si vous dites régulièrement certaines de ces phrases, vous avez probablement tendance à être plutôt pessimiste.

Nous avons l'habitude de justifier nos pensées les plus pessimistes en disant qu'elles sont réalistes... mais ce n'est pas forcément le cas ! En effet, le cerveau humain a tendance à avoir une posture défensive qui place la survie au premier plan. Nous avons tendance à détecter et à exagérer les dangers et à mieux les retenir. La faute à notre biais pessimiste !

Voici une autre piste pour savoir si vous pensez plutôt comme un optimiste ou comme un pessimiste : lorsque vous êtes optimiste, vous interprétez naturellement les choses qui vous arrivent de façon constructive. C'est ce que les psychologues appellent le « style explicatif ». Vérifions-le avec les mises en situation suivantes...

L'examen

Deux étudiants reçoivent les résultats de leur examen : les notes sont mauvaises.

La réaction d'un pessimiste : « C'est une catastrophe. Je n'y arrive jamais. Je suis un bon à rien. »

La réaction d'un optimiste : « C'était un devoir très difficile. En plus, j'avais une gueule de bois car l'examen a eu lieu au lendemain matin de mon anniversaire. Je vais réviser pour avoir une meilleure note la prochaine fois. »

L'agression

Vous allez retirer de l'argent à un distributeur de billets. Lorsque l'opération est terminée, vous êtes agressé et une lutte s'ensuit. Le voleur vous tire dessus et disparaît avec votre argent. Vous vous retrouvez au sol, avec un bras grièvement blessé.

La réaction d'un optimiste : « Ouf, j'ai eu de la chance ! Si j'avais reçu le coup dans la poitrine, j'aurais pu mourir ! »

La réaction d'un pessimiste : « Mais quelle malchance ! Pourquoi est-ce que ce genre de chose tombe toujours sur moi ? »

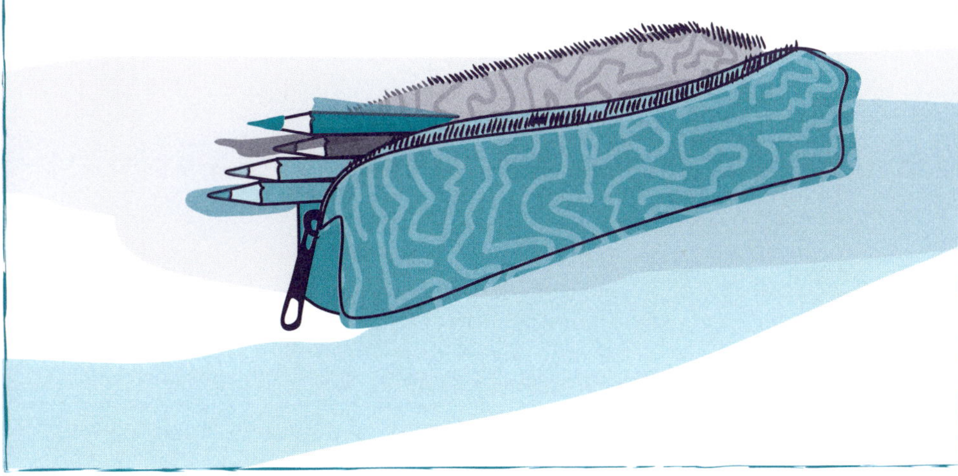

Le style explicatif des optimistes interprète les événements de la vie comme temporaires, évolutifs et isolés. Par conséquent, ils les perçoivent et les intègrent avec le plus d'ouverture possible, sans se culpabiliser et en partant du principe qu'ils peuvent, de toute façon, essayer de les améliorer. Et grâce à cette façon active et maîtrisée de voir la vie, ils parviennent à éviter et à transformer de nombreuses difficultés et circonstances.

Le style explicatif des pessimistes, en revanche, est excessivement autocritique : les pessimistes pensent toujours que c'est de leur faute et que le problème en question n'a pas de solution. Ils vont plutôt se dire : « Je suis nul dans cette matière » au lieu de « c'était un examen difficile et en plus je n'étais pas très en forme ce jour-là ».

Notre dialogue interne et le style explicatif que nous avons l'habitude d'adopter déterminent dans une large mesure notre façon d'expérimenter la vie. Et cela, nous pouvons le changer, du moins en partie ! À ce sujet, Benjamin Franklin, grand homme d'État et scientifique, conseillait la chose suivante : « N'anticipez pas les problèmes, ne vous inquiétez pas de ce qui n'arrivera peut-être jamais. Restez au soleil. »

De quel style d'interprétation vous rapprochez-vous le plus ? Plutôt optimiste ou plutôt pessimiste ?

« Restez au soleil ! » C'est une très belle métaphore.

Les optimistes et les pessimistes, grandes caractéristiques

L'une des différences majeures entre les optimistes et les pessimistes se trouve dans leur attitude, active dans le cas des optimistes et passive dans le cas des pessimistes. Là où un optimiste agit et cherche des moyens de résoudre un problème, un pessimiste baisse les bras et attend. Un optimiste trouve une solution ou s'adapte. Un pessimiste a tendance à se plaindre, à démissionner ou à ruminer.

Autre différence : la façon de considérer le succès et l'échec. Les pessimistes voient le succès comme quelque chose de bref et d'accidentel, et l'échec comme une chose probable, permanente et personnelle (ils se culpabilisent). Les optimistes, en revanche, s'attendent que de bonnes choses leur arrivent, et, si ce n'est pas le cas, ils interprètent les événements négatifs comme le résultat de circonstances éphémères et évolutives.

N'en doutez pas : renforcer l'optimisme dans votre vie quotidienne vous aidera à voir de nouvelles opportunités, à apprendre des événements et à rester alerte et flexible. Cette posture vitaliste et constructive est adaptative, c'est-à-dire qu'elle nous aide à persévérer et à poursuivre nos objectifs. Et, comme nous l'avons vu précédemment, la science confirme que les optimistes ont plus de chances d'avoir plus d'amis, de réussir davantage et de jouir d'une meilleure santé mentale et physique.

Le pessimisme, en revanche, a l'effet inverse : comme il entretient la conviction que nous ne serons pas capables de réaliser quoi que ce soit, il tend à démotiver dès le départ. Prenons des exemples concrets : celui des vendeurs en assurances pessimistes, qui initient et concluent moins de ventes et qui sont moins productifs et persévérants ; ou encore les étudiants pessimistes qui obtiennent de moins bonnes notes.

Nous sommes plus pessimistes en groupe et plus optimistes au niveau individuel

Collectivement, nous avons tendance à être plus pessimistes, à imaginer que les choses vont plus mal qu'en réalité ou que les situations sont plus difficiles à résoudre. Pourquoi ? En grande partie car plus nous pensons qu'un problème est éloigné, moins nous pensons avoir le contrôle dessus et plus nous le considérons avec pessimisme. C'est la raison pour laquelle nous avons l'impression de ne pas pouvoir faire grand-chose quand il s'agit de contrôler une pandémie... et pourtant nous avons la possibilité d'agir pour éviter d'attraper un virus mortel. Cela peut nous conduire à un optimisme illusoire, à la mode depuis quelques années en raison de la société de consommation rapide et facile dans laquelle nous vivons, qui nous pousse vers l'obligation d'être heureux sans accomplir le chemin complexe qu'implique le bonheur personnel. Nous en parlerons dans le prochain chapitre !

Vous êtes de nature pessimiste ? Ce n'est pas bon pour votre cerveau. Une étude récente révèle que les pensées négatives répétées à l'âge adulte peuvent entraîner un déclin cognitif et une hausse des dépôts de protéines nocives responsables de la maladie d'Alzheimer et de la démence, explique Natalie Marchant, docteure, psychiatre et chercheuse au département de santé mentale de l'University College de Londres. Quels sont les comportements les plus destructeurs pour le cerveau ? Ruminer le passé et s'inquiéter de l'avenir, c'est-à-dire porter un regard pessimiste sur le passé et l'avenir.

L'optimisme intelligent, est-ce la même chose que la pensée positive ?

Eh bien non ! Nous savons qu'il ne suffit pas d'avoir des pensées optimistes pour améliorer sa vie. L'optimisme aveugle et les fantasmes peuvent être agréables par moments, mais ils ne nous aident certainement pas à transformer et à améliorer notre vie ou le monde qui nous entoure. Au contraire, ils peuvent nous inciter à nous résigner et à adopter une attitude passive ou simplement rêveuse.

Tout au long de notre vie, nous sommes confrontés à des problèmes et à des défis constants et variés : s'occuper de notre famille, gérer des complications de santé, des deuils, des problèmes financiers, des échecs professionnels, des injustices… Nous n'avons pas besoin de bonnes intentions en réalité, mais d'un espoir actif et intelligent ; il faut être capable d'établir des stratégies claires qui nous permettent d'anticiper certains problèmes, d'en résoudre d'autres et de nous adapter à ceux qui n'ont pas de solution.

Des études montrent justement que l'espoir joue un rôle fondamental dans nos vies. Les personnes qui ont un niveau d'espoir élevé se fixent davantage d'objectifs, des objectifs plus complexes, elles réussissent mieux à les atteindre, sont plus heureuses, moins stressées, elles surmontent plus facilement les difficultés, se rétablissent plus vite lorsqu'elles sont malades et s'épuisent moins au travail.

L'optimisme intelligent se fonde sur une volonté décisive : l'action, et pas seulement la rêverie. Être optimiste sans véritable volonté de changement et sans plan d'action n'a que peu d'utilité.

Il y a une phrase de Barack Obama qui m'inspire et résume à la perfection tout ce dont nous venons de parler : « Rendre le monde meilleur, cela ne tient qu'à vous. »

Puis-je décider d'être plus optimiste ?

Oui !

Nous, les êtres humains, naissons avec une prédisposition génétique à l'optimisme ou au pessimisme, de la même façon que nous naissons avec une prédisposition à avoir une certaine masse corporelle. Malgré la génétique, notre poids peut varier en fonction du mode de vie que nous adoptons, c'est la même chose pour notre tendance naturelle au pessimisme ou à l'optimisme que l'on peut travailler comme un muscle. Comment ? Tout repose sur les habitudes, les pensées et les attitudes que nous adoptons.

Et comment devenir plus optimiste ? En pratiquant quotidiennement les comportements caractéristiques des optimistes. Comme le disait Theodore Roosevelt, homme d'État exubérant et enthousiaste : « Croyez en vous et vous aurez déjà fait la moitié du chemin ! »

On me demande souvent s'il est bien sage d'être optimiste. Ce qui est sûr, c'est que tant de défis nous entourent qu'il est facile de se sentir impuissant. Au cours des dernières décennies, ces défis se sont accélérés et nous ne pouvons même plus essayer de les ignorer ! Nous sommes bombardés d'informations nous rappelant tout ce qui va mal.

Pour les personnes qui ont sombré dans le cynisme, l'espèce humaine, guidée par la cupidité et la méchanceté, est de toute évidence incapable de résoudre la plupart des problèmes. Mais, comme le souligne l'économiste et militant Angus Hervey, « savez-vous qui d'autre pense comme les cyniques ? Les adolescents. Ils choisissent naturellement le cynisme parce que c'est la chose la plus sécurisante à faire. Pour eux, le monde est un endroit incertain et désagréable, peuplé de figures d'autorité stupides. Il est plus simple de se réfugier dans sa chambre que de changer le monde. Cependant, comme le savent tous ceux d'entre nous qui ont déjà relu leur journal intime d'ado, les adolescents ne sont pas des philosophes. Ils ne comprennent pas bien ce qui se passe. Ils n'ont pas assez d'expérience. Leur supposé cynisme peut ressembler à une rébellion, mais c'est une décision qui s'appuie sur la peur, l'ignorance et l'inexpérience. En tant qu'adulte, vous n'avez aucune excuse. Le cynisme est paresseux. C'est une solution de facilité. Si vous attendez le pire de la société, vous n'avez pas à craindre de vous tromper ou d'être déçu. Et si vous vous réfugiez trop longtemps dans le cynisme, cela vous mènera à ce que Steven Pinker appelle le pessimisme corrosif. »

Le cynisme et le désespoir nous conduisent à un monde infantilisé dans lequel nous déléguons tout, nous détournons le regard, nous nous déresponsabilisons ou nous nous lavons les mains.

Nous vivons une période inédite. Nous ne recevrons probablement plus jamais une telle invitation du destin, une invitation généreuse et urgente à changer nos vies et, avec elles, le monde dans lequel nous vivons. Et même en sachant que prendre des risques, changer et se battre pour nos idéaux n'a rien de facile, que le prix à payer peut être élevé, que la défaite est presque toujours en ligne de mire et que les cimetières sont remplis de gens courageux..., malgré cela, j'ai voulu évoquer ici les raisons pour lesquelles il vaut la peine de vivre en conscience et avec optimisme, en prenant le contre-pied d'une vie résignée, mécanique et toute tracée.

Je me remémore souvent les mots de Pepe Mújica, homme politique uruguayen, sa voix chargée d'expérience et de force qui nous rappelle que, malgré la détresse, les rêves inachevés et les révolutions ratées, nous devons continuer à regarder devant, à nous battre pour les rêves que nous nourrissons et à croire en notre capacité indéniable à rendre ce monde meilleur...

« On peut vivre parce qu'on est né, comme un scarabée ou une fourmi. Mais la nature a fait de nous des animaux conscients ! D'une part, nous pouvons donner une direction à notre vie. Et si vous ne lui donnez pas une direction délibérée, ne vous inquiétez pas : le marché s'en chargera. Et vous passerez toute votre vie à payer des mensualités à la fin du mois et à rêver que vous progressez en achetant de nouvelles choses, jusqu'à ce que vous soyez des vieux inutiles.

« L'alternative ? C'est de gaspiller une partie de votre vie au service d'un peu d'utopie, si vous voulez, à essayer de construire un pays meilleur, une société meilleure pour ceux qui viendront après vous. Mais ça, c'est une décision consciente qu'il faut prendre à un moment dans sa vie... Et si tu ne la prends pas consciemment, mécaniquement la réalité va t'entraîner avec elle. Et tu vas finir par croire que progresser signifie remplacer la moto par une voiture, puis remplacer la voiture par une Audi. Et ainsi de suite. Il faut faire un choix, parce que probablement, quand tu seras vieux ou vieille, et que les rhumatismes et les douleurs articulaires te paralyseront, un soir, tu te regarderas dans le miroir et tu te demanderas : "Est-ce que j'ai trahi l'enfant que j'avais en moi ?" Mais il sera déjà trop tard. »

Lorsque le psychologue britannique Richard Wiseman a terminé ses célèbres recherches sur les habitudes de ceux qui ont souvent de la chance, il a invité de nombreuses personnes à mettre en pratique les principes de la chance et de l'optimisme dans une « école de la chance ». Il voulait prouver que l'on peut apprendre à devenir un optimiste ou une personne chanceuse, et, en effet, la grande majorité des élèves de cette école un peu spéciale ont réussi à avoir jusqu'à 80 % de chance en plus.

Pour que vous puissiez le devenir à votre tour et commencer à renforcer les attitudes et stratégies optimistes qui nous font tant défaut en temps extraordinaires – périodes de changement, de défis et de grandes incertitudes –, voici une série de propositions pour entraîner votre optimisme. Choisissez celles qui vous plaisent, écartez celles qui vous séduisent moins et partagez-les, mais rappelez-vous toujours ces trois mots de Pepe Mújica qui nous encouragent à changer le monde pas à pas, sans perdre espoir ni gaspiller la force que chaque personne a en elle :

« Luttez, les gars ! »

DEMANDEZ À UN AMI S'IL VOUS PENSE OPTIMISTE OU PESSIMISTE

Si vous ne savez pas où vous vous situez sur l'échelle de l'optimisme, pas de panique. La psychologue Tali Sharot nous rappelle que, même si nous avons rarement conscience de nos propres biais, nous pouvons facilement les repérer chez les autres. En d'autres termes, si quelqu'un nous le fait remarquer (ou si nous le faisons remarquer aux autres), nous pouvons identifier nos propres biais et mieux les gérer, par exemple en modérant notre optimisme s'il est exagéré ou, à l'inverse, en développant des habitudes et des pensées optimistes si nous sommes enclins à être trop négatifs.

PASSEZ PLUS DE TEMPS AVEC DES PERSONNES OPTIMISTES

Les émotions se propagent comme des virus, surtout les émotions négatives (à cause de notre prédisposition naturelle à nous concentrer sur le négatif pour assurer notre survie). On dit d'ailleurs que nous sommes la moyenne des personnes qui nous entourent, et c'est pourquoi nous avons du mal à être plus optimistes, intelligents et créatifs que notre entourage.

Passez donc du temps avec des personnes optimistes !

Cela vous aidera à être plus positif et optimiste et améliorera votre estime de soi et votre capacité à profiter de la vie.

QUELQUES PISTES RAPIDES POUR ÊTRE PLUS OPTIMISTE

- Trouvez une cause qui vous passionne
- Concentrez-vous sur les possibles, pas sur l'impossible
- Lisez des histoires qui vous inspirent
- Intégrez une équipe
- Oubliez les expressions et les mots négatifs (« je ne peux pas », « je ne sais pas », « oui, mais... », « je ne pourrai jamais », « ce qui me gêne vraiment... je hais... je déteste... je ne supporte pas... »)
- Ouvrez votre esprit et essayez de voir une situation sous un angle différent
- Pratiquez régulièrement la gratitude active. C'est un excellent antidote au négativisme
- Quand vous avez envie de vous plaindre, arrêtez-vous ! Abandonnez ou reformulez votre plainte sous un angle positif, susceptible d'enrichir ou de changer votre perception de la situation
- Écrivez un journal de gratitude dans lequel vous noterez chaque jour trois choses pour lesquelles vous vous sentez reconnaissant
- Dites à quelqu'un que vous l'aimez, souriez, dites merci...
- Évitez de participer aux commérages ou d'écouter les ragots (cela crée des émotions négatives qui ne sont ni constructives ni utiles !)

VISUALISEZ VOTRE VIE DE RÊVE

D'après une méta-analyse sur l'impact de l'optimisme, l'un des moyens les plus efficaces pour stimuler son optimisme est d'utiliser la méthode appelée « la meilleure version de soi ». Elle vous invite à imaginer ou à raconter dans un journal intime comment vous seriez dans le futur une fois tous vos objectifs atteints et tous vos problèmes résolus.

Une variante de cet exercice consiste à imaginer le film de votre vie idéale.

Créez une séquence imaginaire d'environ 30 secondes de ce que serait votre vie de rêve, celle que vous avez envie de vivre, et assurez-vous qu'elle contienne des détails précis sur ce à quoi vous ressemblez, comment vous vous sentez dans cette vie idéale, où vous vivez, ce que vous avez accompli et en quoi consiste votre vie.

Visionnez quotidiennement dans votre tête ce « film » de votre vie. Vous pouvez programmer une alarme sur votre téléphone pour vous rappeler de le faire pendant plusieurs jours d'affilée – et si cela peut durer deux semaines, c'est encore mieux – afin d'en faire une habitude.

FÉLICITEZ-VOUS !

Nous pouvons être les pires critiques envers nous-mêmes. Pour éviter cet écueil, félicitez-vous quotidiennement ! Prenez l'habitude de vous adresser un « bravo ». Prenez quelques minutes chaque jour pour vous poser cette question : qu'est-ce que j'ai fait de bien aujourd'hui ? Ce simple geste renforce l'optimisme au quotidien. Les « bravo » s'accumulent et finissent par renforcer la confiance en soi, ce qui joue un rôle très important dans la réussite.

Pourquoi évoluons-nous plus facilement dans la douleur que dans la joie ?

Frederick Douglass, homme d'État et abolitionniste, a déclaré : « Ce n'est point de lumière que nous avons besoin, mais de feu ; pas d'une pluie fine, mais du tonnerre. Nous avons besoin de tempêtes, de tornades et de tremblements de terre. » Et souvent, en effet, il semble que nous, humains, n'activons nos pouvoirs de transformation et de changement que lorsque les choses deviennent difficiles ou insupportables. Il n'y a que lorsque nous ne pouvons plus faire face à une situation, lorsque les coutures sont sur le point de céder, que nous acceptons de changer de perspective, d'environnement, d'attitude ou d'opinion.

Cette résistance au changement entraîne des souffrances inutiles. C'est pourtant la façon la plus courante de faire face aux transformations sociales et personnelles. Nous agissons lorsque la souffrance est plus forte et moins confortable que le statu quo auquel nous sommes habitués... N'oubliez pas que nous avons de grandes capacités d'adaptation ! Nous nous résignons bien trop souvent.

Peut-être que, petit à petit, nous apprendrons, en tant qu'espèce et en tant qu'individus, à opérer les changements et les transformations nécessaires dans la joie et la légèreté, sans attendre que la souffrance nous envahisse.

Notre force ? Nous sommes programmés pour survivre. Cela signifie que nous possédons un biais négatif évident, mais aussi que nous abritons tous, quelque part, des ressources d'espoir et de changement. Nous les avons en nous, même si elles se cachent ou que nous les oublions parfois. Activez-les !

ÉCRIVEZ DES LETTRES DE GRATITUDE

La gratitude est le plus fort indicateur de bien-être. Pour développer votre sens de la gratitude, vous pouvez pratiquer l'exercice suivant : écrivez une lettre de gratitude sincère et authentique à une personne de votre choix. Un exercice à faire régulièrement, par exemple toutes les deux semaines. Utilisez une page entière, ou plus si nécessaire, pour remercier cette personne du fond du cœur pour l'impact qu'elle a eu sur votre vie. Vous verrez, votre sentiment de bien-être augmentera en un rien de temps. Remettez-lui la lettre en main propre si possible !

IMAGINEZ VOTRE COACH INTÉRIEUR

L'esprit de réussite dépend en partie de combien nous nous connaissons nous-mêmes et de combien nous nous sentons responsables de nos actes. Pour renforcer cette mentalité, vous pouvez imaginer que vous avez un coach en vous. Pensez à une personne qui vous a inspiré et challengé. Lorsque vous êtes confronté à une tâche décourageante, demandez-vous ce que ferait cette personne si elle avait deux rapports à terminer et seulement vingt-quatre heures pour le faire. Vous aussi, vous pouvez le faire !

ENTRAÎNEZ-VOUS À REMARQUER LES (TOUT PETITS) PROGRÈS

C'est une façon d'entraîner votre sens de l'optimisme, de savoir relever un point positif, aussi petit soit-il, dans toute situation.

Décrivez en quelques mots une ou plusieurs situations de votre vie que vous aimeriez améliorer.

....

....

....

....

Maintenant, réfléchissez à un changement positif qui est intervenu dans cette situation dernièrement. Pensez à n'importe quel progrès, aussi minime ou imparfait qu'il puisse vous paraître. Il s'agit de déceler une tendance à l'amélioration.

....

....

....

....

L'EXERCICE PHYSIQUE BOOSTE LA BONNE HUMEUR… BOUGEZ !

L'activité physique améliore instantanément l'humeur et l'estime de soi. Il n'est pas nécessaire de se lancer dans des exercices compliqués et de plus, de nos jours, il existe des tas d'outils très pratiques. J'ai récemment découvert une application de yoga (il en existe plusieurs, excellentes, sur Internet) que j'emporte partout, même en voyage, et à partir de laquelle je peux télécharger de petites séries que j'adapte à mes besoins, en faisant varier la durée en fonction de mon emploi du temps ou de la musique de fond. J'utilise généralement des séries courtes, de 10 à 30 minutes, selon mes disponibilités, et je peux ainsi continuer à faire de l'exercice partout dans le monde !

Pendant les mois de confinement que nous avons traversés, je suis sûre que beaucoup d'entre vous ont découvert combien il est facile de faire de l'exercice sans sortir de chez soi, alors vous n'avez plus d'excuse. Que ce soit dans votre salon, à la salle de sport ou dans un parc… bougez !

VISUALISEZ COMME IL FAUT !

Vous avez probablement déjà entendu parler de la visualisation. Malheureusement, dans les faits, nous avons tendance à mal la pratiquer ! Pourquoi ? Parce que la visualisation ne devrait pas être un outil qui ne sert qu'à rêver ou à se sentir mieux, elle devrait permettre d'anticiper les problèmes et d'y trouver des solutions. Alors comment pratiquer efficacement la visualisation ? Le psychologue Eric Barker conseille d'accorder la plus grande partie du temps de visualisation au milieu de notre scénario ou de notre histoire... Le début est prévisible et la fin est la partie la plus amusante, celle dont on ressort vainqueur. C'est au milieu que les choses se compliquent et s'enveniment. Un coup de pouce n'est jamais de trop, alors utilisez cette préparation supplémentaire qui peut grandement vous aider à résoudre les problèmes qui se posent.

Pour ce faire, envisagez différentes façons d'obtenir ce que vous voulez, essayez-les, trouvez des options et des voies alternatives. Vous vous sentirez mieux préparé si les choses ne se passent pas comme prévu, car vous aurez imaginé d'autres moyens d'atteindre vos objectifs. Et souvenez-vous : ne vous en voulez pas si les choses tournent mal : ça ne nous aide en rien. Il suffit simplement de parfaire votre plan et de changer de stratégie !

En période de confusion et de changement, nombreuses peuvent être les difficultés, et pas uniquement les difficultés objectives et matérielles, mais aussi celles liées à notre état d'esprit. Pour vous aider à envisager l'avenir avec optimisme, vous pouvez régulièrement vous poser les questions suivantes qui devraient vous inspirer et améliorer votre humeur[3] :

De quoi suis-je reconnaissant aujourd'hui ?

Sur qui vais-je veiller aujourd'hui ou avec qui vais-je communiquer ?

À quelles attentes de « normalité » vais-je renoncer aujourd'hui ?

Quelle va être ma sortie du jour pour respirer et profiter de la lumière extérieure ?

Comment vais-je faire de l'exercice aujourd'hui ?

Comment vais-je créer de la beauté, en cultiver ou en accueillir aujourd'hui ?

---

3 Questions proposées par le département de psychologie de l'université de Berkeley, à se poser chaque jour en temps de crise.

La méditation de la montagne

Les chercheurs pensent que les techniques de préparation mentale comme la méditation peuvent contribuer à encourager les pensées positives et à réduire les pensées négatives.

Une étude montre d'ailleurs que pratiquer la méditation 30 minutes par jour pendant deux semaines entraîne des changements mesurables sur le cerveau. C'est pourquoi je partage ici avec vous cette méditation bien connue – une manière relaxante et plutôt poétique de se concentrer sur le présent, d'apaiser son mental et d'améliorer son optimisme.

Asseyez-vous confortablement, le dos soutenu si vous le souhaitez. Ajustez votre posture puis fermez les yeux. Sentez la solidité et le contact du sol ou de la chaise sur laquelle vous êtes assis. Vos bras et vos jambes sont lourds ; votre dos est fort, droit ; votre tête détendue. Votre bassin est bien stable. Portez votre attention sur votre respiration, respirez par le nez. Vos respirations sont calmes. Inspirez. Expirez. Lentement. Ne forcez rien. Appréciez simplement le passage de l'air qui entre et qui sort, calmement. Naturellement, sans effort.

Votre corps est parfait tel qu'il est, fort, solide. Respirez tranquillement, sans effort. Restez détendu. Imaginez une montagne au loin. Concentrez-vous sur cette image. Vous la voyez de plus en plus clairement. Une grande et belle montagne, immense.

Observez sa forme : la base est solidement ancrée dans le sol. Sa cime, peut-être enneigée, touche le ciel. Ses versants sont en pente douce. Regardez sa beauté. Il y a peut-être des ruisseaux ou des cascades. Des prairies ou un lac étincelant. Continuez à observer votre montagne. Lorsque vous la voyez clairement et la sentez toute proche, quand vous vous sentez prêt, commencez à fusionner avec votre montagne, à ne faire qu'un avec elle.

Imprégnez-vous de sa grandeur, de sa robustesse, de sa force. Petit à petit, devenez la montagne. Votre tête est le plus haut sommet, votre corps et vos bras sont ses flancs. Vos jambes et la base de votre dos sont enracinés, ancrés dans la terre. À chaque respiration, vous devenez encore un peu plus la montagne. Vous avez sa force. Sa solidité. Vous êtes une montagne qui respire. Et pendant que vous êtes là, serein, vous sentez le ciel, la lumière et les couleurs autour de vous changer. Que la surface de votre montagne est pleine de vie ! L'eau murmure et s'écoule dans ses canaux, la neige fond. La flore et la faune emplissent tout d'une vie paisible et immuable.

Appréciez ce contraste entre la force tranquille de la montagne que vous êtes et la vie légère et changeante qui vous traverse et vous remplit. Sentez le jour et son soleil clair et brillant. Peu à peu, les sons et la lumière s'évanouissent, et la nuit vient, remplie d'étoiles. Les saisons aussi changent. En automne, la montagne se pare de couleurs. En hiver, elle se couvre de glace et de neige. Parfois, la cime disparaît derrière les nuages et la brume. Puis elle réapparaît, tranquille et claire.

La montagne continue à changer et, pourtant, elle est toujours la même. Sereine, elle n'est à la merci d'aucun regard, d'aucun changement de temps ou de température. Elle est là.

À la fin de la méditation, emportez avec vous, dans votre vie quotidienne, ce sentiment de stabilité et de quiétude. Et comme si vous étiez une montagne, acceptez les changements d'émotions et de sensations qui remplissent nos vies humaines. Telle une montagne, accueillez et protégez tout ce qu'il y a autour de vous, toute la vie qui vous entoure. Gardez-en vous la sérénité et la robustesse de la montagne.

4

•••

PRENDRE SOIN DE SOI, PRENDRE SOIN DES AUTRES

La révolution du *care*

Ces derniers temps, tout me semble fragile. Les gens, les lois, les frontières, les préjugés, et même les habitudes de longue date. Tout a l'air de vaciller, de se maintenir seulement par accident, par négligence ou par miracle.

Lorsque je suis submergée par ce sentiment, j'essaie de ne pas regarder en arrière ou en avant. Je me concentre sur le présent : la lumière du coucher de soleil, le chant d'un merle à l'aube, la douce caresse de la brise en fin de journée, la beauté fugace et fragile d'une branche en fleur...

Selon un dicton japonais, c'est précisément parce que rien n'est éternel que tout compte. Il faut profiter de tout et apprécier chaque chose avant qu'elle ne disparaisse.

Pour contrer ce sentiment de nostalgie et de fragilité, je pratique depuis plusieurs semaines ce qu'on appelle à juste titre « la magie du rangement ». Lorsque je range un endroit envahi de poussière et d'énergie périmée, je me demande si telle ou telle chose m'apporte de la joie... Aujourd'hui, j'ai ouvert une boîte tapissée d'un papier avec des papillons.

La première chose qui m'a sauté aux yeux, c'est une photographie d'une coupure de presse : un bidonville de baraques blanches au milieu d'un terrain vague aride.

Je n'ai pas eu besoin de lire la légende de la photo. Ce sont les anciens bidonvilles de Palomeras, il y a plusieurs décennies de ça. C'est un souvenir qui me procure à la fois de la joie et de la mélancolie.

Cela me rappelle le regard bleu, profond et compatissant de mon oncle, l'homme politique et prêtre ouvrier Carlos Jiménez de Parga. Il a consacré sa vie aux personnes pauvres, aux immigrés et aux détenus. À partir des années soixante, il a vécu dans sa paroisse du quartier Pozo del Tío Raimundo de Palomeras, à Vallecas, partageant la vie de milliers d'Andalous et d'Estrémègnes venus à Madrid pour gagner leur vie. Ensemble, ils ont réussi, après des décennies de lutte et de sacrifices, à construire une communauté et à remplacer les milliers de baraquements insalubres par des bâtiments modernes, raccordés à l'eau et l'électricité.

Un après-midi, alors que Carlos me racontait avec enthousiasme les hauts et les bas de cette croisade intense et difficile, je me souviens de la tristesse qui est soudainement apparue dans ses yeux.

« Quand les appartements ont enfin été prêts et qu'ils ont pu y emménager, certains se sont jetés par les fenêtres !

– Pardon ? » ai-je demandé, quelque peu perdue.

Il a acquiescé, avec gravité.

« Ça arrivait de temps en temps. Ils sautaient et mouraient. Ils ne supportaient pas de vivre enfermés...

– Le bidonville leur manquait ?

– Ce qui leur manquait, c'était de s'asseoir sur le pas de la porte, de bavarder, de sentir qu'ils n'étaient pas seuls... Ils avaient leurs voisins, leurs poules et leurs petites plantes... »

Il a soupiré. Nous nous sommes regardés en silence. C'était compréhensible. Les humains sont des êtres complexes ; bien sûr, nous avons besoin de sécurité et de confort, mais nous devons également satisfaire d'autres besoins basiques et urgents, notamment celui de faire partie d'une communauté. Et il est plus facile de ressentir la chaleur humaine dans la promiscuité, dans un environnement où il suffit de passer la tête par la fenêtre pour parler au voisin, où les enfants courent devant la porte et où les portes des maisons sont presque toujours entrouvertes. Certains n'ont pas supporté cette nouvelle façon de vivre, isolés dans leurs appartements.

Une chose est sûre, depuis toujours, la vie des humains ne tient qu'à un fil.

Heureusement, nous ne sommes pas toujours conscients de cette fragilité, et c'est ce qui nous permet de continuer à vivre. En fait, ces dernières décennies ont été un exercice collectif de déni exagéré de notre vulnérabilité. À coups de distractions, nous avons cru pouvoir esquiver la partie la plus dure de la vie, ralentir le temps qui passe et échapper aux affres de l'adaptation et de la renaissance continuelles.

D'après Pablo d'Ors, écrivain et prêtre, la pandémie de 2020 nous a rappelé une leçon importante, celle que nous sommes vulnérables : « Prendre conscience que nous ne sommes pas des dieux. Nous le savions, mais nous l'avions oublié. »

Au bout du compte, même si nous sommes pétris de nos croyances limitantes, de nos peurs, de nos préjugés, de nos espoirs et de nos désillusions, non seulement la plupart d'entre nous parviennent à survivre physiquement pendant des dizaines d'années, mais de plus, malgré la douleur, les pertes et les deuils, nous restons miraculeusement accrochés à l'envie de vivre, de nous améliorer, d'apprendre et de continuer à aimer.

Comment y parvenons-nous ?

Ce désir miraculeux de rester en vie malgré les déceptions, la douleur et les pertes, nous le devons en grande partie aux autres. Plus précisément à la toile d'affection, de besoins et de rituels collectifs qui tissent nos vies en communauté.

Le secret pour vivre heureux et bien vieillir, c'est l'amour

En 1938, cherchant à lever le voile sur les secrets d'une vie longue et heureuse, un projet de recherche est né à l'université de Harvard. L'étude a porté sur plus de sept cents personnes, suivies pendant soixante-quinze ans. Tout au long de ces années, plusieurs équipes de chercheurs ont analysé des échantillons de sang, effectué des scanners cérébraux et examiné de multiples entretiens et divers paramètres. La conclusion ? L'un des indicateurs majeurs de santé, de bien-être et de bonheur, décisif pour bien vieillir et mener une vie longue et comblée, c'est la force des relations avec la famille, les amis et l'entourage immédiat.

Selon Robert Waldinger[4], l'actuel directeur de l'étude de Harvard sur le développement adulte : « Peu importe le montant de votre pension de retraite, le nombre de conférences que vous avez données, le nombre d'articles de blogs que vous avez écrits, le nombre d'abonnés vous suivant sur les réseaux sociaux, le nombre d'entreprises de technologie dans lesquelles vous avez travaillé, ou le pouvoir que vous pouviez y avoir. Le meilleur indicateur de votre bonheur et de votre satisfaction dans la vie, fondamentalement, c'est l'amour. »

---

4 Robert Waldinger en parle dans une conférence Ted aussi lucide que parlante. Je vous la recommande : « The Good Life », https://www.youtube.com/watch?v=q-7zAkwAOYg&feature=youtu.be

D'après le théologien Martin Buber, « toute vie véritable est rencontre ». Lorsque nous entrons en relation avec les autres, nos enfants, nos parents, nos grands-parents, nos oncles et tantes, nos partenaires, nos amants, nos amis ou nos voisins, nous donnons un sens à notre existence. Parce que nous, humains, sommes des êtres profondément sociaux. Biologiquement, nous partageons des neurones miroirs qui nous permettent de percevoir inconsciemment et instantanément les émotions des autres. Nous propageons nos émotions comme des virus, nous anticipons ce que les autres ressentent, nous dépendons de leur approbation, de leur affection, du fait qu'ils nous appellent, nous regardent et nous prennent dans leurs bras. Notre vie est joyeuse et prend du sens parce qu'eux aussi ont besoin de nous. Malgré les pertes et les sacrifices que nous subissons, c'est pour les gens qui nous entourent que nous continuons à aller de l'avant.

Nous vivons en communion, une communion humaine.

Nous savons depuis longtemps que les humains ne sont pas faits pour vivre seuls. « On admet généralement que l'Homme est un être sociable. Il suffit pour le prouver de rappeler son aversion pour la solitude et son goût pour la société, outre celle de sa propre famille », écrivait déjà Charles Darwin au XIXe siècle. Depuis, de nombreuses études contemporaines ont confirmé que les personnes avec des liens affectifs fragiles ont 50 % de risques de plus de mourir prématurément que celles avec des liens affectifs solides ; ou encore que se sentir déconnecté des autres présente un danger similaire à celui de fumer 15 cigarettes par jour et présage une mort précoce, plus encore que la pollution atmosphérique ou le manque d'activité physique.

Pour réussir à vivre ensemble et à gérer ce tissu social, si important, nous, humains, développons des cerveaux complexes, capables d'inventer des mythes qui nous unissent et donnent un sens à nos existences fragiles.

Il en a toujours été ainsi. Pendant des siècles, la survie physique a été notre combat quotidien, notre priorité. Nous vivions principalement en mode survie. La souffrance émotionnelle et le sens de la vie étaient relégués au second plan, laissés aux mains des poètes, des religieux et des philosophes.

Le XXe siècle nous a permis de changer la façon dont nous prenons soin de nous, de comprendre notre fonctionnement biologique – de mieux connaître nos cellules, notre génétique, notre cerveau –, et aussi ce dont nous avons besoin pour en prendre soin : du repos, de l'exercice et une alimentation saine.

Le XXIe siècle est en train d'ouvrir une nouvelle ère dans le domaine des soins de santé. Les besoins les plus urgents étant comblés dans la plupart des sociétés occidentales, l'époque actuelle nous offre la possibilité de répondre à un éventail beaucoup plus large de besoins humains. En théorie, nous disposons de plus de temps, de plus de moyens et d'une meilleure qualité de vie pour prendre soin de nous et nous comprendre aussi bien sur le plan physique qu'émotionnel.

Alors pourquoi n'en avons-nous pas profité ? Pourquoi restons-nous encore enfermés dans une existence limitée qui ne reflète pas pleinement la complexité et la beauté de l'esprit humain ?

C'est en partie dû à l'ignorance. Nous parlons peu de nos besoins. Nous avons pris l'habitude de les ignorer ou d'en détourner notre attention. Nous avons un cerveau complexe et très subjectif, que nous ne comprenons pas bien. C'est peut-être pour cela que nous ne savons pas exactement ce que nous voulons.

Les Sapiens sont des dieux qui ne savent pas ce qu'ils veulent

Nous appelons notre espèce *Homo sapiens*, c'est-à-dire l'homme sage ou intelligent. Dans son livre *Sapiens : une brève histoire de l'humanité*, Yuval Noah Harari raconte que, il y a 70 000 ans, l'homme n'était qu'un animal insignifiant qui vivait dans une petite partie de l'Afrique de l'Est. Depuis, nos cerveaux humains complexes nous ont permis de devenir un groupe connecté qui domine la planète entière. Au cours des dernières décennies, nous avons donné la priorité à la croissance économique et aux progrès scientifiques. En ce sens, nous agissons comme des dieux. En échange, nous avons normalisé nos instincts les plus violents et nous avons ignoré, comme s'il s'agissait de caprices, certains de nos besoins les plus profonds : la connexion avec la nature, les relations humaines de qualité, le temps pour tout ce qui nous nourrit et nous gratifie... Et bien que nous vivions de mieux en mieux sur le plan matériel, nous ne sommes pas plus heureux que par le passé. Le problème avec les humains, dit Harari, est que nous sommes des dieux qui ne savent pas ce qu'ils veulent. Nous nous égarons dans les labyrinthes du cerveau humain.

Les labyrinthes du cerveau humain

Pour nous garder en vie mais aussi sains d'esprit, la nature nous a dotés de mécanismes psychiques divers et variés. Ce sont des modes de pensée automatiques qui nous permettent d'interpréter le monde qui nous entoure. On les appelle des biais – ce sont des tendances ou des raccourcis mentaux – et ils fonctionnent comme des règles simples qui nous aident à donner un sens au monde et à prendre des décisions rapides pour notre survie. Nous avons un nombre incalculable de biais cognitifs, souvent contradictoires. L'esprit humain, comme la nature tout entière, est un équilibre complexe qui se crée, se défait et renaît pour se maintenir à flot, et en chaque personne coexistent des peurs fondamentales et un espoir indomptable.

Il y a les biais négatifs, qui nous poussent à exagérer et à mémoriser le danger pour que nous marchions les yeux grands ouverts et que nous évitions de tomber dans le fossé. Il y a aussi, luttant pour nous rendre la vie plus belle, les biais positifs qui nous amènent à croire que nous arriverons à nous en sortir, là où nous voyons les autres échouer ou tomber. C'est une croyance aveugle, et comme il est difficile d'y croire sans raison, l'esprit a recours à d'autres biais pour nous donner confiance. Nous avons donc tendance à ne prêter attention et à n'accorder du crédit qu'à ce qui confirme ce que nous croyons déjà ; nous rejetons la faute sur des facteurs externes, et non sur nous-mêmes, lorsque les choses ne se déroulent pas comme nous le souhaitons ; pour nous sentir en sécurité, nous divisons le monde entre les gentils – nous et notre tribu – et les méchants ; nous refusons de voir les évidences qui ne vont pas dans notre sens ou dans celui de nos préjugés, et si nous en savons un tout petit peu sur un sujet, nous nous persuadons au fond de nous que nous le maîtrisons.

C'est ainsi que nous menons nos vies, souvent dans l'erreur, mais plus sereins.

Ces biais sont profondément ancrés dans notre culture et dans nos têtes. Le chercheur en philosophie morale Jonathan Haidt compare notre esprit conscient à un cavalier sur le dos d'un éléphant, qui représente l'inconscient. Le cavalier pense qu'il dirige l'éléphant, alors qu'en réalité il se laisse transporter.

Si cela ne tenait qu'à moi, de tous les biais humains, celui que j'éliminerais serait le biais d'autojustification.

Je m'explique. Lorsque nous prenons une mauvaise décision, nous avons deux options : assumer notre erreur et la réparer, ou chercher à nous justifier pour en éviter la responsabilité, avec l'inconfort ou le sentiment de culpabilité que cela engendre. Nous avons tendance à choisir cette dernière. Pour avoir la conscience tranquille, nous essayons de justifier nos actes et nous tombons alors dans ce fameux biais d'autojustification.

Nous sous-estimons ce biais alors qu'il entraîne bon nombre des paradoxes les plus cruels et les plus fréquents de notre réalité. Il est responsable de notre étrange capacité à être témoins de la douleur des autres, tout en l'ignorant ou en la justifiant.

Il est lié à un autre biais humain : la capacité à se déconnecter de la souffrance lorsqu'elle est subie par des groupes très larges ou très éloignés de nous, parce que d'une culture ou d'une espèce différente.

Nous faisons des raccourcis lors desquels nous nous désolidarisons pour ne pas nous sentir dépassés.

D'ailleurs, Élie Wiesel, Prix Nobel et survivant des camps de concentration nazis, disait que l'indifférence est encore pire que la haine.

Dépassez le mythe de l'âgisme

Non seulement notre cerveau est structuré autour d'une multitude de biais cognitifs, mais nous avons également tendance à héberger différents biais culturels : nous nous divisons de façon binaire entre hommes/femmes, Blancs/Noirs, minces/gros, hétérosexuels/homosexuels... Nous fondons notre identité sur nos différences, et nous les exagérons au lieu de nous concentrer sur ce qui nous rapproche et nous unit.

Nous parvenons à remettre en question et à dénoncer un grand nombre de ces biais ; nous avons la chance de vivre à une époque où des mouvements internationaux aussi puissants que #MeToo, #blacklivesmatter ou Extinction Rebellion[5] ont vu le jour. Mais malgré cela, nous continuons à vivre sous le poids de préjugés sociaux, biologiques et évolutifs qui se répercutent sur notre façon de parler, de penser et de vivre.

Parmi les biais toujours latents et intangibles dans notre quotidien, on trouve l'âgisme, cette tendance à discriminer une personne à cause de son âge. Il s'agit d'un fléau très présent et nuisible, qui met les gens « à la retraite » ou sur la touche sur la seule raison de leur âge biologique. Avec le sexisme et le racisme, c'est l'une des discriminations les plus courantes, mais, contrairement aux deux précédentes, contre lesquelles nous avons désormais le réflexe de nous élever, l'âgisme est tellement ancré dans notre quotidien

---

5 Mouvement international de désobéissance civile en lutte contre l'effondrement écologique et le dérèglement climatique.

que nous l'acceptons sans rechigner. Nous n'avons toujours pas réalisé que nous sommes profondément âgistes !

L'âgisme est fondé sur une croyance populaire globalement admise concernant le cerveau humain : dans le monde entier, sans se poser davantage de questions, l'humain accepte l'idée que le cerveau atteint l'apogée de ses capacités vers l'âge de vingt-neuf ans, et qu'il commence à décliner sérieusement après l'âge de cinquante-trois ans. Or c'est un mythe. Heureusement, la science commence à déboulonner plusieurs fausses croyances sur le cerveau humain. Il a été prouvé que notre cerveau fonctionne par phases, avec des pics, des vallées et des plateaux. Il n'y a pas de déclin constant de nos capacités. D'ailleurs, bon nombre de nos capacités cognitives s'améliorent après l'âge de trente ans, et certaines s'améliorent même jusqu'à soixante, voire soixante-dix ans !

En tant que société, nous nous retrouvons confrontés au paradoxe suivant : nous sommes capables de dénoncer certains biais alors que nous restons aveugles à d'autres. Par exemple, la société – du moins dans de nombreux pays occidentaux – commence à admettre et à légiférer en faveur de la possibilité pour les personnes de vivre librement le genre qu'elles souhaitent. Et pourtant, nous n'évoluons pas face au tabou de l'âge ! Pourquoi ai-je le droit de changer de genre alors que je devrais rester prisonnier de mon âge ?

Pourquoi notre âge biologique devrait-il à ce point nous déterminer en tant que personnes ?

L'âge aussi est dans le cerveau !

L'âge s'exprime à travers des comportements et des paramètres caractéristiques – par exemple, la capacité d'adaptation et la curiosité – qui sont, au-delà de la biologie, des éléments qui comptent vraiment et qui définissent une personne. Mais la société nous restreint, nous manipule, nous juge et nous limite aussi en fonction de l'âge, entendu comme un chiffre, une circonstance biologique sur laquelle nous n'avons pas de prise. Nous utilisons un langage âgiste qui rejette et même méprise les personnes en raison de leur âge.

Nous ne pouvons pas réduire la richesse infinie d'une personne, sa créativité, sa complexité en tant qu'être humain, à l'âge qu'elle a ou qu'elle n'a plus. C'est une limite mentale, une barrière que nous devons faire tomber.

Comment le cerveau vieillit-il ?

CE QUE NOUS SAVIONS DÉJÀ…

La vitesse de traitement de l'information atteint son maximum vers l'âge de dix-huit ans ; la mémoire à court terme atteint son apogée à vingt-cinq ans et commence à décliner vers trente-cinq ans.

CE QUE NOUS NE SAVIONS PAS…

L'intelligence cristallisée (vocabulaire, aptitudes mathématiques, connaissances générales ou compréhension verbale) s'améliore jusqu'à l'âge de soixante-dix ans. C'est aussi le cas de la perception des émotions (reconnaître les émotions des autres et gérer les émotions négatives) et de la capacité à persévérer, à rester attentif et concentré…

À tout âge, vous êtes meilleur dans certains domaines, moins bon dans d'autres et constant dans d'autres encore. Il n'y a pas un âge auquel vous êtes « au top » de l'ensemble de vos capacités !

QUEL ÂGE AVEZ-VOUS L'IMPRESSION D'AVOIR ?

Imaginez un instant que vous n'avez pas d'acte de naissance : votre âge sera celui que vous avez l'impression d'avoir... Quel âge vous donneriez-vous ?

C'est une question importante, car il s'avère que l'âge que vous vous donnez, appelé l'âge subjectif, peut avoir plus d'importance que votre âge réel, l'âge biologique.

Nous nous sentons généralement plus jeunes ou plus vieux que nous ne le sommes réellement. Et cet âge subjectif peut avoir un impact majeur sur notre santé mentale et physique ! Cela pourrait même expliquer pourquoi certaines personnes se sentent en pleine forme en prenant de l'âge alors que d'autres s'affaiblissent et déclinent de façon beaucoup plus marquée. Nous savons que, si vous vous sentez jeune, vous améliorez vos chances d'avoir une meilleure santé physique, et que « vous sentir jeune » réduit votre risque d'être hospitalisé ou de souffrir de démence plus tard.

Voilà l'impact de notre âge subjectif sur notre santé physique. Mais qu'en est-il des effets sur notre santé mentale et émotionnelle ?

Nous savons que, en vieillissant, nous sommes généralement de moins en moins extravertis et moins ouverts aux nouvelles expériences. Mais il y a des gens qui, en vieillissant, ne perdent pas leur curiosité ou leur envie d'explorer le monde. Ce sont les personnes qui ont l'impression d'avoir un âge subjectif plus jeune que leur âge biologique.

Mais cela veut-il dire que, si vous vous sentez jeune au fond de vous, vous serez toujours un Peter Pan immature ? Pas du tout ! Les gens qui se sentent jeunes, ouverts au monde, et qui sont toujours avides de nouvelles expériences, mûrissent autant que les autres : ils gagnent en stabilité émotionnelle et deviennent plus responsables, mais sans perdre leur envie de croquer la vie à pleines dents ni l'énergie de la jeunesse. Ils allient le meilleur des deux mondes ! Il est donc fortement recommandé de se sentir plus jeune que l'âge indiqué sur notre carte d'identité ! Cela nous permet de gagner en sagesse sans perdre notre étincelle.

Heureusement, la plupart d'entre nous ont l'impression d'avoir huit ans de moins environ par rapport à l'âge qui apparaît sur leur certificat de naissance !

Récapitulons : notre façon de penser et de vivre quelque peu chaotique et incohérente s'explique principalement parce que nous sommes dotés d'un cerveau très puissant, mais que nous comprenons mal. Le cerveau nous entraîne dans un mode de vie centré sur la lutte pour la survie, à travers la recherche du plaisir immédiat.

Depuis la fin de la Seconde Guerre mondiale, nous avons connu des décennies de prospérité et de croissance économique qui nous ont conduits à privilégier le confort matériel et l'individu au détriment du collectif. Nous nous sommes comportés comme si de l'eau chaude, la santé et un toit confortable au-dessus de nos têtes étaient suffisants.

Qu'est-ce que le bien-être ?

Après la Seconde Guerre mondiale, William Beveridge, économiste et homme politique britannique, a rédigé un rapport qui propose un système où l'État s'occupe de l'ensemble de ses citoyens, où il peut satisfaire leurs besoins fondamentaux, selon ses termes, « du berceau à la tombe ». Beveridge fut l'un des théoriciens qui a jeté les fondations de ce que nous connaissons aujourd'hui comme l'État providence. Nul doute que nous avons parcouru un long chemin depuis. Des décennies ont passé, et pourtant, obsédés par la reconstruction matérielle, nous en avons oublié que le bien-être va bien au-delà d'une suite de chiffres. Une communauté saine doit tenir compte d'autres éléments affectant nos vies. Nous devons réfléchir collectivement à ce dont nous avons besoin pour survivre, pas uniquement sur le plan économique, mais aussi en termes de bien-être.

Bien sûr, nous avons besoin des ressources qui contribuent à notre survie physique, à notre sécurité. Nous avons besoin de réseaux de contacts humains et d'affection, pour nous aider à grimper l'échelle de la confiance en soi, à réaliser nos rêves, à obtenir la reconnaissance des autres... Mais nous avons également besoin de construire nos vies autour de compétences humaines plus complexes, de la capacité de faire des choix fondés sur la morale, pour mener des vies créatives, libres, dénuées de préjugés.

Un être humain qui connaît les labyrinthes de son cerveau, qui cultive son interdépendance avec le reste du monde et qui nourrit son besoin de rêver, de se sentir libre et créatif, parvient à surmonter plus facilement les nombreux défis et difficultés qui jalonnent la vie des hommes. Et c'est en s'appuyant sur nos aptitudes innées d'optimisme et d'espoir que nous pouvons y parvenir.

Comment l'espoir survit

Le camp de réfugiés de Mória, sur l'île de Lesbos, en Grèce, est un lieu entouré de barbelés où sont entassées des milliers de personnes. C'est la fin du rêve européen pour beaucoup d'hommes, de femmes et d'enfants qui ont quitté leurs pays – Irak, Syrie, Somalie, Burkina Faso, Guinée-Bissau, Soudan, Nigeria, Burundi, Zimbabwe ou Birmanie –, en quête d'un avenir meilleur, et qui ont fini par atterrir dans cet endroit au paysage désolé. Sur le camp, les conditions de vie sont extrêmement dures et il semble difficile de garder espoir bien longtemps.

Le journaliste Sam Wollaston, de *The Guardian*, a voulu voir de ses propres yeux comment les êtres humains parviennent à survivre dans un environnement aussi hostile et à trouver des moyens de résilience et de solidarité au milieu de tant de souffrance. Il raconte que travailler là-bas a été une expérience incroyable, témoin qu'il a été d'actes de bonté de la part de personnes vraiment extraordinaires. La bonne volonté, le sens de l'humour, la générosité, malgré tout… Wollaston explique que, durant ces trois jours, il a retrouvé foi en l'humanité : « On m'a offert du pain chaud tout droit sorti de l'un des nombreux fours de Mória, des enfants m'ont donné des graines de tournesol, un groupe de garçons irakiens debout près d'un feu m'ont proposé une chicha. La barrière de la langue est parfois un problème, mais il s'avère qu'il est possible de discuter de la chute du Manchester United avec des gestes. […] Les travailleurs humanitaires font preuve de beaucoup d'humanité. Des Danoises bienveillantes distribuent des vêtements ; un groupe de chrétiens néerlandais distribue des boîtes de jouets ; un ancien ingénieur britannique d'âge moyen dirige une équipe chargée d'entretenir les douches, les toilettes et les canalisations du camp. Il y a des centaines de volontaires, principalement des jeunes. […] Ils

ne sont pas insensibles : ils veulent faire la différence. J'en ai rencontré beaucoup qui au départ étaient venus pour quelques semaines et qui ont fini par rester un an, parfois deux. [...] "Il y a de l'amour et de la communication entre les gens de différents pays – nous pouvons être tous ensemble, partager un repas, discuter. Nous pouvons apprendre les uns des autres, nous inspirer les uns les autres, nous soutenir les uns les autres. C'est incroyable", déclare Ali, qui travaille pour une ONG. »[6] L'espoir peut fleurir même en enfer, lorsque nous sommes capables de nous soutenir mutuellement, de créer des réseaux de solidarité et d'empathie.

6 https://www.theguardian.com/world/2020/feb/18/librarian-moria-tales-hope-refugee-camp

Il est plus simple de gérer notre humanité en s'appuyant sur des chiffres rationnels que sur des désirs, des rêves et des sentiments. Mais l'abondance matérielle ne peut pas compenser la baisse du capital social et un monde toujours plus fermé et étriqué : dans le monde entier, nous nous sentons de plus en plus seuls et nous avons de moins en moins de personnes de confiance sur lesquelles nous appuyer ; nous disposons de toujours plus de confort, alors que nous trouvons de moins en moins de but et de sens à nos vies.

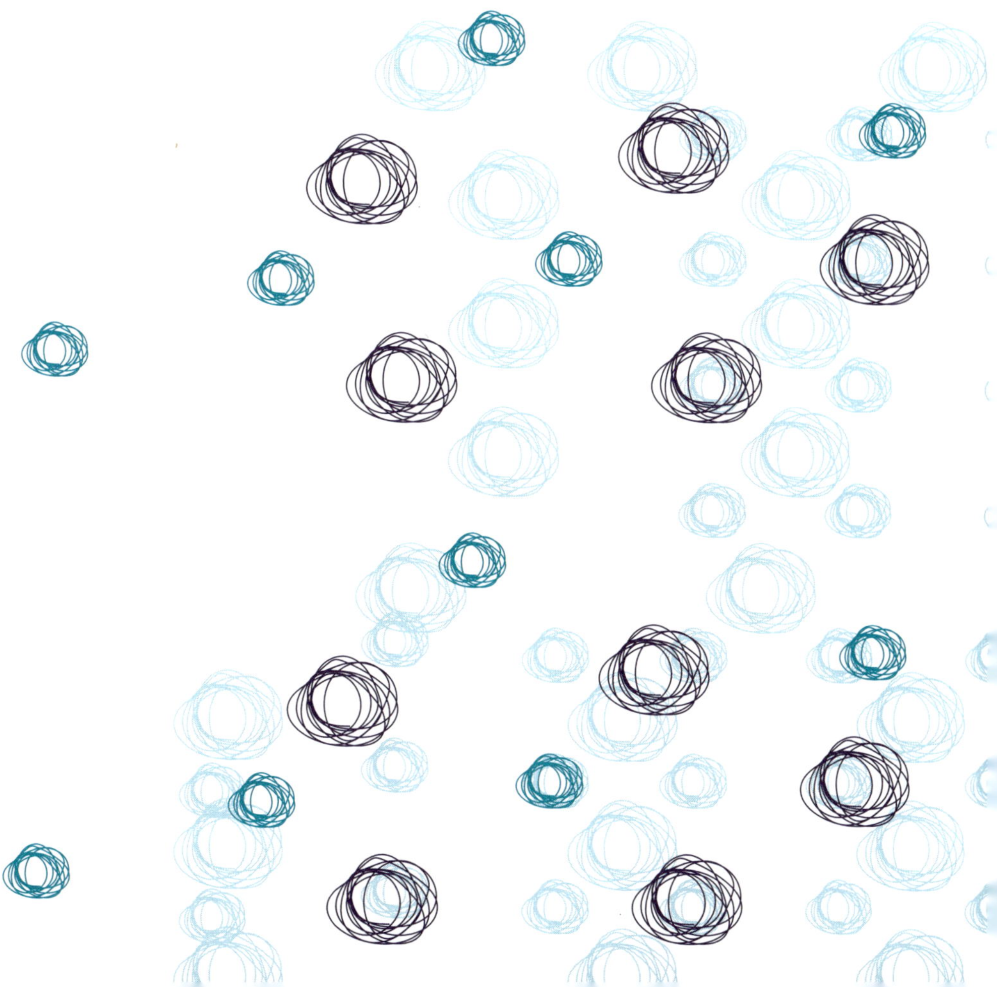

Notre environnement le reflète : nous vivons dans des villes où la consommation et le divertissement sont facilement accessibles. Toutefois, nous avons négligé de nombreux autres aspects qui sont essentiels à notre bien-être. Nous avons peu pris soin des espaces communautaires, en évitant d'accorder du temps et de l'argent à des lieux et à des parcs où nous pourrions nous rassembler et nous tenir compagnie ; nous nous enfermons dans de petits appartements isolés qui ne nous aident pas à entrer en relation avec les autres, ni à intégrer dans notre vie quotidienne le monde naturel dont nous avons tant besoin ; nous avons des noyaux familiaux qui se réduisent et se fragilisent ; nous ignorons les besoins et la souffrance des autres espèces, en promouvant une alimentation fondée sur l'agriculture et l'élevage intensifs ; nous avons remplacé les contacts réels par des échanges sporadiques et souvent non satisfaisants sur les réseaux sociaux ; nous travaillons loin de chez nous, souvent durant de longues journées épuisantes et solitaires...

Et ainsi, nous finissons par vivre le dos tourné à bon nombre de nos désirs et besoins humains. Nous nous simplifions, nous nous réduisons. Nous oublions qu'il y a beaucoup de choses que nous ne pouvons pas acheter sur un marché, aussi varié et attrayant soit-il ; des choses qui non seulement nous protègent et nous réconfortent, mais qui aussi nous inspirent et nous consolent.

Ce sont les besoins les plus cachés, mais non moins urgents, de l'esprit humain : cet esprit qui nous rend forts, libres et nomades.

Comme une réponse à une question silencieuse, j'ai également trouvé dans ma boîte décorée de papillons cette image, un fac-similé d'une annonce censée avoir été publiée il y a cent ans dans un journal britannique par l'explorateur Ernest Shackleton, qui recherchait des volontaires pour une expédition en Antarctique. L'extraordinaire exploit qu'il a accompli avec son équipage de 43 marins est une des illustrations les plus inspirantes des aptitudes de l'esprit humain et de sa capacité à affronter et à surmonter collectivement de grands dangers.

L'esprit de cette annonce est aux antipodes de la vie rangée et prévisible que nous avons l'habitude de mener dans notre monde contemporain.

Et soudain, l'inimaginable se produit

Dans notre monde du 24 heures sur 24, 7 jours sur 7, les lumières se sont éteintes, les distractions ont disparu et le silence a ressurgi.

Comme deux bouées au cœur de la tempête, la pandémie du coronavirus a mis en évidence deux caractéristiques que nous avions enfouies sous le bruit et l'agitation de notre mode de vie hypermoderne : que les êtres humains sont vulnérables, et que la vie en communauté – notre interdépendance physique et émotionnelle – est vitale à notre bien-être, bien plus que le confort matériel.

Nous sommes interdépendants

Il est frappant de constater que, des décennies après l'écriture de la lettre de Martin Luther King en 1963, sa pensée reste valable et décrit une réalité actuelle et contemporaine. Nous avons même accru notre degré d'interdépendance, comme l'analyse cet article du site Club mindfulness.

« La vie entière est interconnectée. "Nous sommes pris dans un réseau de relations mutuelles auquel nous ne pouvons échapper [...] Ce qui affecte directement l'un de nous nous affecte tous indirectement." (Martin Luther King) Nous sommes faits pour vivre ensemble en raison de la structure interdépendante de la réalité. Avez-vous déjà réfléchi à l'idée que vous ne pouvez pas aller travailler chaque matin sans dépendre d'une bonne partie du monde ? Vous vous levez le matin, vous filez sous la douche et vous cherchez votre éponge, qui existe grâce à un habitant des îles du Pacifique. Vous vous saisissez d'un savon qu'un Français vous a donné. Puis vous allez à la cuisine prendre votre café, qui arrive dans votre tasse grâce à un Sud-Américain. Et peut-être voulez-vous du thé : c'est alors grâce à un Chinois qu'il arrive jusqu'à votre tasse. Ou bien préférez-vous un chocolat chaud pour le petit déjeuner, et c'est un Africain de l'Ouest que vous devrez alors remercier. Ensuite, vous attrapez des tartines, qui viennent des mains d'un fermier anglophone, sans même parler du boulanger. Et avant même que vous ayez fini votre petit déjeuner, vous dépendez déjà de plus de la moitié de la planète. C'est ainsi qu'est structurée notre vie quotidienne. Nous ne connaîtrons jamais la paix sur Terre tant que nous ne reconnaîtrons pas ce fait fondamental qu'est la structure interdépendante de toute notre réalité. »[7]

---

7 https://clubmindfulness.com/humanidad-compartida/

Heureusement, malgré la mal nommée distanciation sociale, ces mois nous ont permis de faire l'expérience de la force de notre interdépendance, peut-être d'ailleurs plus forte que jamais. En effet, cela fait des décennies que le monde n'avait pas vu autant d'initiatives solidaires spontanées voir le jour, autant de personnes prêtes à se soutenir et à communiquer entre elles dans les moments difficiles. La distanciation sociale a été, avant tout, une distanciation physique, et nous avons appris à la dépasser.

Tout comme nous avons tort de parler de « distanciation sociale » pour désigner le confinement, nous avons tort d'utiliser l'adjectif « social » dans d'autres domaines. Le journaliste George Monbiot affirme, avec une grande lucidité, que, lorsque nous parlons de *Social Security* ou de *Social Safety Net*[8], au fond, il s'agit plutôt d'une affaire économique (qui est – ou devrait être – assurée par l'État) que d'une affaire sociale. Le lien social, en réalité, naît de la communauté. « Nous ne pouvons pas remplacer des vies sociales riches par des relations froides et transactionnelles. La communauté n'est pas là pour se substituer à l'État, bien qu'elle en soit un complément essentiel. [...] J'ai le sentiment que quelque chose est en train d'émerger, quelque chose qui nous manquait : l'excitation et le pouvoir de transformation de l'entraide »[9], déclare Monbiot.

---

8 Aux États-Unis, le terme *Social Security* renvoie au programme fédéral d'assurance vieillesse, de prestations aux survivants et d'assurance invalidité. Le *Social Safety Net* est un ensemble d'organismes fédéraux, auxquels s'ajoutent des programmes propres à chaque état, et gérant l'aide et la protection sociale des plus démunis (n.d.t.).

9 George Monbiot, « The horror films got it wrong. This virus has turned us into caring neighbours », *The Guardian*, 31 mars 2020 https://www.theguardian.com/commentisfree/2020/mar/31/virus-neighbours-covid-19

La pandémie nous a reconnectés et soudés sur les plans émotionnel et social. Elle nous a humanisés, dans le sens où elle nous a invités – voire obligés – à faire appel à des capacités humaines telles que la résilience et la générosité.

Pendant le confinement, nous avons ressenti des émotions très contradictoires : le deuil collectif, l'insécurité, la peur de l'avenir, le sentiment de fragilité... Mais aussi l'émerveillement devant la nature qui reprend ses droits, le réconfort des réseaux humains, l'admiration pour les professionnels qui ont pris soin de la communauté, la capacité à vivre isolés, la possibilité de passer du temps de qualité en famille, de découvrir le plaisir d'être seul, de développer de nouvelles passions, d'avoir du temps pour toutes les choses que nous repoussons sans cesse... La relativisation, en somme, des valeurs issues de la société de consommation, que nous avions acceptées et intégrées comme immuables et inévitables.

Mais notre mode de vie n'est en rien une fatalité.

C'est peut-être pour cela, parce que nous sommes nombreux à nous rendre compte de ce à côté de quoi nous sommes en train de passer que, comme l'a révélé une récente étude du gouvernement britannique commandée par la Royal Society of Arts, seuls 9 % des Britanniques souhaitent retrouver une vie « normale » après la pandémie. La grande majorité d'entre eux disent accorder plus d'importance qu'auparavant à des choses fondamentales comme une alimentation saine, un air pur et un sentiment d'appartenance à une communauté. Ces réalités de notre vie nous semblent désormais essentielles.

Pourquoi avons-nous eu besoin d'un traumatisme et d'une menace collective pour nous rendre compte que nous vivons en tournant le dos à nos besoins fondamentaux ?

Le philosophe Friedrich Hegel affirmait que les grandes catastrophes engendrent de la pureté, qu'elles nous montrent ce qui est important et ce qui est éphémère. La science nous dit que nous sommes capables de nous adapter mais que nous nous habituons à nos vies. Nous ne changeons facilement que face à de grandes crises ou pendant la phase amoureuse, car ce sont deux contextes qui rendent notre cerveau plus plastique, c'est-à-dire plus flexible.

L'économiste et historien Walter Scheidel nous rappelle que, tout au long de l'histoire, seuls quatre événements majeurs ont pu amener plus d'égalité dans nos sociétés : la guerre, l'effondrement d'un État, les révolutions et les pandémies. Un exemple : la peste noire du XIVe siècle, qui a décimé un tiers de la population européenne, a considérablement réduit les inégalités en faisant augmenter le prix de la main-d'œuvre et donc les salaires. Plus récemment, au XXe siècle, deux guerres mondiales catastrophiques et la révolution communiste nous ont conduits à une longue période de réduction des inégalités sociales, qui a duré jusqu'au début des années 1980 et a donné naissance à l'État providence moderne.

Cela signifie-t-il que cette pandémie de 2020 pourrait devenir un déclencheur de justice sociale ? Pour Scheidel, cela dépend de la gravité de la crise, de sa durée et de son impact sur les chaînes d'approvisionnement. Plus les dommages causés par la pandémie sont importants, plus le potentiel de changement radical de la société est élevé.

Lorsque nous apprendrons à changer et à nous transformer, pas uniquement dans un contexte tragique, mais aussi en nous appuyant sur notre conscience, notre rationalité et la joie, nous aurons fait un pas de géant.

C'est parce que nous oublions trop facilement ce qui fait de nous des êtres humains dans le meilleur sens du terme, ce qui nous aide à vivre mieux, que nous avons besoin d'une société qui nous invite explicitement à vivre selon certaines valeurs, au lieu de nous concentrer exclusivement sur notre obsession pour la croissance illimitée, à n'importe quel prix.

Nous devons créer des environnements où le meilleur de notre humanité peut émerger et se développer. Mais il y a une chose que je voudrais souligner : nous parlons de notre humanité comme s'il s'agissait d'une qualité inhérente à notre condition humaine ; comme s'il s'agissait de quelque chose – un foie, un rein – que nous pourrions perdre : nous avons l'habitude d'entendre que « nous perdons notre humanité », que « les gens se sont déshumanisés », que « c'est inhumain ».

Cependant, être humain n'est pas une qualité intrinsèque : c'est une attitude durement acquise, arrachée aux griffes de l'avidité, de la cruauté, de l'envie de prospérer, de ne pas partager, d'être plus que, de parler de soi, des labyrinthes et de la peur du cerveau humain, programmé pour la survie. Nous avons forgé l'humanité après des millénaires de vie difficile, de mort prématurée, de peur de ne pas y arriver, d'angoisse, de froid et d'envie.

Lorsque nous parlons d'humanité, nous parlons d'une capacité, d'une tendance, d'une possibilité. Nous parlons d'un choix, d'une bataille, d'un dépassement.

Le journaliste Kenan Malik dit : « Lorsque nous pensons aux héros, nous pensons en général à des figures surhumaines, fictives ou mythologiques, d'Achille à Churchill, de Jeanne d'Arc à James Bond. Ils sont surhumains parce qu'ils accomplissent ce que les simples mortels ne peuvent pas faire. Ces dernières semaines, nous avons découvert de nouveaux héros : des infirmières qui travaillent avec du matériel insuffisant, des agents de santé qui font preuve d'un dévouement extraordinaire, des chauffeurs de bus qui continuent à transporter des travailleurs essentiels. Peu d'entre eux voudraient être décrits comme des héros. La plupart d'entre eux se considèrent comme des personnes ordinaires faisant des métiers ordinaires dans des circonstances extraordinaires. Ce qu'ils démontrent, c'est que l'héroïsme est une caractéristique très humaine. Il ne s'agit pas d'être surhumain, mais d'être humain à part entière. La mode est à la critique des humains, les qualifiant d'égoïstes, d'insensibles ou de narcissiques. Beaucoup le sont. Mais beaucoup d'autres sont dévoués, compatissants et gentils. Les humains peuvent être nettement meilleurs que l'image que nous pouvons avoir d'eux. »[10]

Les responsabilités envers notre prochain

Toby Ord, chercheur en philosophie morale, considère que l'humanité n'en est qu'à son adolescence, et que, tel un adolescent, elle a la force d'un adulte mais pas ses capacités de patience ou de prévoyance. Ainsi, nous serions un danger pour nous-mêmes jusqu'à ce que nous mûrissions. C'est pourquoi, si nous voulons survivre, il est vital que nous établissions un cadre moral de référence beaucoup plus large que le bien et le mal. Aujourd'hui, nous dénigrons l'avenir, nous n'y accordons que peu d'importance, nous ne prenons pas en compte la façon dont nos décisions affecteront les centaines de générations qui viendront – ou pas – après nous.

« Nos descendants sont comme les peuples colonisés : ils sont privés de leurs voix politiques, ils n'ont pas leur mot à dire dans les décisions qui pourtant les affecteront, et qui pourraient même les empêcher de vivre. Mais ce n'est pas parce qu'ils ne peuvent pas voter qu'ils ne peuvent pas être représentés. »

---

10 https://www.theguardian.com/commentisfree/2020/apr/26/heroism-is-the-most-human-of-qualities

Donnez une voix aux êtres vivants que l'on n'écoute jamais

Dans un monde où nous apprenons lentement et un peu laborieusement à nous écouter et à nous respecter les uns les autres, il n'est pas très surprenant que nous ne pensions pas forcément à porter la voix de ceux qui n'en ont pas.

Il y a deux grands groupes qui un jour compteront, mais qui sont aujourd'hui encore totalement réduits au silence : les êtres vivants non humains et les humains qui ne sont pas encore nés, les générations futures. Nous devons penser à eux et leur donner la parole !

Je vous invite à vous ouvrir à ces deux groupes avec une proposition simple : écrivez une lettre en leur nom pour leur donner une voix.

La sœur de la femme politique britannique travailliste Jo Cox, assassinée en 2016, a fait remarquer à l'occasion de

QUE SOUHAITERAIT MON PETIT-FILS ?

QUE DIRAIT UN ÊTRE VIVANT QUI NE PEUT PAS S'EXPRIMER ?

IMAGINEZ CE QU'IL VOUDRAIT.

l'anniversaire de sa mort : « Comment pouvons-nous encore vivre dans un monde où des personnes sont maltraitées, attaquées et tuées en raison de la couleur de leur peau ? Comment pouvons-nous encore vivre dans un monde où nous sommes censés être plus connectés que jamais, mais où tant de gens se sentent seuls ? Et comment se fait-il qu'autant d'entre nous soient encore réticents ou incapables d'écouter l'opinion des autres de manière civilisée et respectueuse ? »

L'époque actuelle nous invite sans plus tarder à ne plus rester complices – ne serait-ce que par notre indifférence – des injustices sociales, à participer activement à la résolution de nos conflits et à mettre fin aux discriminations. Nous n'avons jamais eu à notre disposition autant de supports et de plateformes pour nous informer, dénoncer et changer les choses.

Comme nous l'avons détaillé tout au long de ces pages, le cerveau humain a tendance à héberger de nombreux biais et préjugés qui se traduisent par des attitudes sexistes, xénophobes, âgistes... La seule façon de combattre cette inclination est de reconnaître les préjugés et les discriminations, de remettre en question nos croyances, nos paroles et nos comportements.

De nombreuses personnes n'adhèrent pas à cette façon de vivre « en faisant attention », qu'ils trouvent déplaisante et trop réprobatrice. Ils rejettent ce qu'ils considèrent comme du « politiquement correct ». Pourtant, il ne s'agit pas de se diaboliser ou de se faire des reproches, mais d'accepter la réalité scientifique selon laquelle le cerveau humain a tendance à agir en fonction de biais subjectifs et répétitifs. Si nous voulons vivre de façon plus intelligente et plus juste, nous devons les désactiver consciemment et consciencieusement. C'est pour cela qu'il est essentiel, par exemple, de faire attention aux mots que nous utilisons, car ils reflètent ce que nous pensons inconsciemment, et lorsque nous les changeons, à long terme notre façon de penser change elle aussi.

En ces temps extraordinaires, nous remettons en question des façons de percevoir le monde et de nommer nos différences qui, jusqu'à très récemment, étaient incontestables. En Allemagne, par exemple, une proposition a été faite visant à supprimer le mot « race » de la Constitution et à faire référence simplement aux « êtres humains ». Cela a beaucoup de sens d'un point de vue scientifique. Comme le souligne le généticien Miguel Pita, « considérer la couleur de la peau – que l'on perçoit avec nos yeux – est une faiblesse humaine qui veut que nous interprétions tout de façon simple et directe, sans rigueur ni validité. C'est complètement obsolète ». Bien que les humains possèdent des caractéristiques adaptatives en fonction du climat, « les différences génétiques entre les individus sont inférieures à 1 % et, dans ce 1 %, seuls 10 % résultent des différences attribuées à ce qu'on appelait autrefois races. En fin de compte, il s'agit simplement de différences minimes. Ce qui se passe, c'est qu'elles sont frappantes parce qu'elles sont visibles extérieurement mais, si nous observions le cerveau, les poumons ou le cœur d'un individu d'Afrique, d'Amérique, d'Europe ou d'Asie, ils seraient complètement impossibles à distinguer ».

Ce sont des périodes qui nous invitent à changer à une vitesse déconcertante mais qui sont d'une richesse incroyable ! En espérant que vous puissiez trouver ici des réflexions et des propositions pour vous accompagner dans ce voyage de redécouverte individuelle et collective.

Dans une réflexion qui reflète ce que pensent et désirent beaucoup d'entre nous, le cinéaste Vincent Gambuto aborde cette nouvelle normalité que nous devons construire tous ensemble : « D'un citoyen à un autre, je vous en supplie : respirez profondément, ignorez le bruit assourdissant et réfléchissez profondément à ce que vous voulez à nouveau accepter dans votre vie. C'est notre chance de définir une nouvelle version de la normalité, et c'est une opportunité unique, je dirais même sacrée, de nous débarrasser de ce que nous ne voulons plus et de ne garder que ce qui fonctionne pour nous, ce qui enrichit nos vies, ce qui rend nos enfants plus heureux, ce qui nous rend vraiment fiers. »

Quelles sont les valeurs collectives que vous voulez renforcer et défendre ? Comment les traduire dans notre façon de vivre ? Comment être cohérent entre nos pensées et nos paroles ?

La responsabilité de changer et de continuer à rendre notre monde meilleur appartient plus que jamais à chaque citoyen, c'est une responsabilité que nous ne pouvons plus déléguer. Le coronavirus pourrait devenir la locomotive qui, dans l'histoire, a accéléré la transition vers une société meilleure et plus juste. Mais chacun d'entre nous devra se battre pour que cela se produise.

Nous allons voir maintenant des propositions pour prendre soin de nous-mêmes et des autres, pour renforcer le meilleur de notre humanité ; pour continuer à élargir nos cercles d'empathie ; pour donner une voix à ceux qui n'en ont pas et à toutes les autres espèces ; pour combattre le sexisme, le racisme et l'âgisme, qui font tant de mal, et pour continuer à faire tomber les barrières psychologiques et physiques afin de construire un monde meilleur.

Prendre soin de soi

Pour pouvoir prendre soin des autres, il faut d'abord commencer par prendre soin de soi... Voici donc quelques suggestions pour vous occuper de vous.

TROUVEZ VOS PROPRES MOTS POUR PRENDRE SOIN DE VOUS

Ce matin, j'ai pris le petit déjeuner avec ma fille de dix-huit ans. Elle m'a raconté avec enthousiasme combien les conseils d'un livre, écrit par une cadre stressée, l'aidaient à se détendre.

« Quels conseils donne-t-elle ? lui ai-je demandé pendant qu'elle me servait un café.

– Elle dit que nous avons tous une quantité limitée d'énergie, un peu comme un budget. Si je dépense tout mon budget dans ce qu'elle appelle « un mauvais investissement », je ne peux plus me payer des choses intéressantes. Alors maintenant, quand je m'inquiète pour une chose sur laquelle je n'ai pas de prise, je me dis simplement « mauvais investissement », et c'est tout. Si tu savais comme ça marche bien ! Ça m'aide beaucoup plus que les "respirez profondément" que tu aimes tant... Et paf, le stress s'en va ! »

J'ai souri en buvant mon café. Combien de fois, depuis qu'elle est petite, me suis-je assise à côté d'elle pour l'aider à respirer profondément et à se détendre ? Depuis des siècles, nous, humains, nous efforçons de gérer l'avalanche d'émotions qui nous envahit à chaque minute. Elles sont générées par un cerveau programmé pour survivre, qui a tendance à détecter, exagérer, anticiper et se souvenir de tout ce qui pourrait constituer une menace. Ainsi, pour une adolescente sur le point de passer un concours d'entrée, ces émotions se cristallisent sur un avenir sur lequel elle n'a aucun contrôle : la peur des notes, de rater l'opportunité de faire les études espérées, de ne pas avoir de la chance avec les questions de l'examen, etc. Et tout ce stress se traduit par de mauvaises nuits et une anxiété croissante à l'approche de l'examen.

La peur de l'avenir est un sentiment qui accompagne les humains depuis des siècles. Cela provient de notre cerveau, toujours sur ses gardes. Et tout ce que nous pouvons faire, c'est trouver des mots pour comprendre, compatir, et, si tout va bien, le gérer. C'est de là que vient le concept moderne de « gestion des émotions ». C'est un mot nouveau pour une réalité qui ne l'est pas : les Grecs anciens, par exemple, ont créé les dogmes du stoïcisme pour nous apprendre à chasser de notre esprit tout ce que nous ne pouvons pas contrôler. Pour les stoïciens, les choses incontrôlables étaient leur « mauvais investissement ».

Il existe de nombreuses façons de nommer et de gérer la peur de ne pas être capable de survivre aux nombreux défis auxquels nous sommes confrontés chaque jour. Peu importent les noms que nous donnons à nos outils, les courants philosophiques ou psychologiques qui nous inspirent et nous aident à vivre mieux. L'important est que vous compreniez que vous avez un cerveau sujet à l'anxiété, et que vous cherchiez les mots qui sont capables de l'apaiser. Trouvez vos propres mots pour vivre mieux. Ce sont eux la clé de votre force et de votre liberté intérieure.

« JE DOIS… » OU LE POIDS DES ATTENTES

En Occident, la pression de la réussite commence très tôt, dès l'enfance, et elle ne disparaît jamais. Notre système capitaliste nous biberonne avec le sentiment perpétuel que nous pouvons – que nous devons ! – faire toujours plus. Ces attentes si élevées, qu'elles soient personnelles, familiales, académiques, professionnelles ou sociales, se retrouvent dans plusieurs études qui se sont intéressées aux principales sources de stress dans nos sociétés et qui ont mis en évidence que ces attentes sont extrêmement stressantes pour 25 % des personnes interrogées.

Vivre avec des attentes élevées peut avoir un effet positif : cela nous motive à atteindre nos objectifs. Mais quels objectifs ? Sont-ils ceux auxquels nous aspirons vraiment ? Et à quel prix ?

Voici quelques conseils pour vous aider à faire le point sur vos attentes, les vôtres et celles qu'on a pour vous :

* discutez avec un ami ou un mentor qui peut vous aider à analyser votre situation sous un angle différent ;
* parlez avec les gens qui semblent avoir des attentes irréalistes à votre égard. Peut-être ne sont-ils pas conscients de ce qu'ils vous demandent ;
* demandez-vous ce que vous suggéreriez à un ami qui serait dans votre situation ;
* ayez plusieurs options et alternatives pour l'avenir. Si vous n'avez qu'une porte de sortie mais que vous ne l'atteignez pas, vous aurez

l'impression d'avoir échoué ; ouvrez-vous à d'autres possibilités et n'oubliez pas qu'il existe plusieurs façons d'atteindre un objectif ;

* exprimez ce que vous ressentez, en écrivant par exemple, car cela peut vous aider à trouver des solutions à vos problèmes ;
* choisissez des objectifs à votre portée. Et si vous devez faire un choix entre un objectif qui vous prend toute votre énergie et un qui vous rend heureux, choisissez toujours celui qui vous rend heureux !

OSEZ DEMANDER DE L'AIDE

Selon de récentes études sur les conséquences de la pandémie, près d'un tiers des adultes présenteraient des symptômes cliniques d'anxiété ou de dépression. Les sentiments les plus courants à la suite de la crise que nous avons traversée sont l'impuissance, l'empêchement et l'anxiété. Pour les gérer, il est important d'être patient et compatissant envers soi-même. En premier lieu, il faut savoir que, même lorsque nos besoins fondamentaux sont satisfaits, il est normal de se sentir mal dans une période difficile. Que pouvons-nous faire ?

J'aime ce témoignage sincère de la journaliste et éditrice Susanna Schrobsdorff qui, bien qu'elle soit en bonne santé, qu'elle ait un travail en ce moment et qu'elle sache pertinemment qu'elle est privilégiée, décrit avec humour sa nouvelle vie, pas toujours simple, pendant la pandémie. Ses enfants étudiants à l'université sont rentrés à la maison et ont divisé l'appartement en zones, « comme Berlin après la guerre. [...] Nous nous sommes disputés pour savoir qui avait "emprunté", cassé, jeté, mangé, pas lavé, pas vidé ou pas rempli à peu près tout. Nous ne sommes pas d'accord sur la définition de fort, de musique ou de propre. Nous ne sommes pas non plus en phase sur ce qui constitue l'actualité, le socialisme, la démocratie ou le has been. Il y a des jours où nous dansons et cuisinons comme d'adorables instagrammeurs confinés, et d'autres jours où nous grommelons, faisons nos petits repas fades chacun de notre côté et nous disputons les corvées ».

Lorsque cette famille sent que la situation lui échappe, elle se réunit pour des « confessions » et ils partagent leurs frustrations, leurs craintes et leurs angoisses.

Ils ont aussi recours à une autre technique : ils dressent la liste des personnes et des groupes qui vivent dans des conditions plus difficiles qu'eux… et il y en a toujours beaucoup !

Parfois, j'utilise une variante de cette méthode : lorsque je me sens découragée et fatiguée, ou si j'ai l'impression que les choses me dépassent, je sors un papier et un crayon et je note les choses dont je peux me réjouir, les choses qui vont bien, les choses qui me procurent de la joie.

LE POUVOIR DU TOUCHER

Nos quarante millions d'années d'évolution nous ont montré que nous avons besoin de nous toucher les uns les autres. Les sens qui comptent le plus lorsque nous entrons en contact avec les autres sont la vue, le toucher et l'ouïe : voir, toucher et entendre, dans cet ordre. L'organe le plus important pour les sens est la peau, à travers les mains, les lèvres et la langue. Nous avons le besoin, jamais suffisamment reconnu et satisfait, de nous sentir physiquement. Je me souviens souvent de mon immense émotion lorsqu'une personne très âgée m'a dit : « Le pire dans la vieillesse, c'est que plus personne ne veut vous toucher. »

Lorsque l'on nous touche, nous nous détendons et le cortisol, l'hormone du stress, diminue. Les autres primates passent beaucoup de temps à se toiletter mutuellement et à se toucher. L'espèce humaine, en revanche, a tendance à se réfréner et à limiter les contacts physiques au domaine sexuel.

Pour nous rappeler les bienfaits du contact physique, vous pouvez effectuer un geste simple : pendant une vingtaine de secondes, les yeux fermés, touchez votre visage et vos mains, seul ou en compagnie d'autres personnes.

EXPRIMEZ CE QUE VOUS RESSENTEZ

« Un amour sans preuve d'amour ne sert à rien. »

C'est une phrase qui m'inspire, qui me ramène à l'essentiel, c'est pourquoi j'essaie de ne pas l'oublier. Des recherches montrent qu'il est très important d'avoir une vie sociale épanouie, ce dont nous n'avons pas toujours conscience. Pendant la pandémie, nous avons eu le temps de tester nos « ressources humaines », la puissance de nos relations et de nos amitiés. De nombreuses personnes ont eu du mal à renoncer aux tête-à-tête avec leurs amis et leur famille et accordent aujourd'hui une plus grande importance aux relations interpersonnelles.

Cependant, d'après la science, nous avons toujours tendance à commettre une erreur en organisant nos vies : nous ne consacrons pas assez de temps aux projets et aux personnes qui nous apportent le plus de joie et qui nous donnent de l'énergie. Nous oublions ce qui est le mieux pour nous et ce qui nous rend heureux.

Si c'est votre cas, posez-vous les questions suivantes : « y a-t-il des gens, des connaissances, de vieux amis ou des membres de la famille auxquels j'aimerais consacrer plus de temps ? Qui m'a le plus manqué pendant ces derniers mois ? Et que vais-je faire pour améliorer cette relation, pour lui accorder le temps qu'il/elle mérite ? »

Envie d'une autre proposition concrète pour donner de l'oxygène à vos relations humaines ? Réservez du temps pour ces personnes, en conscience. Prenez vraiment rendez-vous avec eux.

Et ne réprimez pas vos ressentis : dites à vos proches qu'ils sont importants pour vous ! Faites-le avant que votre cerveau humain n'oublie ce qui compte le plus pour lui et ne se perde à nouveau dans la routine.

LISTE DES PERSONNES À QUI JE VEUX CONSACRER PLUS DE TEMPS

....

....

....

LES CHOSES QUE JE PEUX FAIRE AVEC ELLES

....

....

....

VOS MOTS PRÉFÉRÉS

Je me souviens d'un jeu auquel nous jouions en famille quand les enfants étaient petits. Il consistait à dire les mots que nous aimions le plus. Les mots surgissaient et révélaient les goûts et les préférences de chacun, ils ouvraient une fenêtre sur chacun de nous. Des mots colorés et joyeux comme pin méditerranéen, sapin, dauphin, orque, lion, fleur tropicale, bonsaï, oranger, anchois, colibri, rose, camélia, lilas en fleur, poisson tropical, poulain, amandier blanc en fleur, albatros, narcisse, je t'aime, bulles, fragile, plage des Caraïbes, vacances, bonbons, eau…

Pour vous reconnecter à ce qui vous apporte du bonheur et vous rend vivant, de temps en temps, vous pouvez noter vos mots préférés, ceux qui, à ce moment précis de votre vie, vous rendent heureux lorsque vous les prononcez, ceux qui vous rappellent ce qui est important pour vous.

ALORS, QUELS SONT VOS MOTS PRÉFÉRÉS DU MOMENT ?

……………………………………………………………………………………

……………………………………………………………………………………

……………………………………………………………………………………

ACCEPTEZ VOS ÉMOTIONS, N'EN AYEZ PAS PEUR ![11]

En période de crise, nous ressentons plus que jamais des émotions contradictoires : la peur d'oublier la normalité, de ne pas avoir assez d'argent, de nous retrouver seul... Nous ressentons également ce que les psychologues appellent le « chagrin par anticipation » vis-à-vis de ce que l'avenir nous réserve. C'est un sentiment d'anxiété profonde qui reflète la difficulté du cerveau humain à vivre dans l'incertitude. Mais cette période, aussi inconfortable soit-elle, peut être une belle occasion d'apprendre à mieux se connaître et de mettre en place des changements et des transformations.

Comment gérer ce sentiment ?

Pour calmer ce sentiment de chagrin par anticipation, cette anxiété concernant l'avenir, concentrez-vous tout simplement sur le présent. Il s'agit d'une solution familière pour quiconque a déjà médité ou pratiqué la pleine conscience, mais ceux qui ne savent pas comment s'y prendre sont toujours surpris par la simplicité de la démarche. Voici une proposition pour vous aider à gérer la peur de l'avenir : nommez cinq choses dans la pièce dans laquelle vous vous trouvez... Un ordinateur, une chaise, une photo de votre chien, un vieux tapis et une tasse à café, par exemple. Respirez profondément : inspirez en comptant jusqu'à trois dans votre tête, puis expirez en comptant jusqu'à six... Réalisez que maintenant, à ce moment précis, rien de ce que vous avez imaginé ne s'est produit. Vous allez bien. Vous avez de quoi vous nourrir. Vous n'êtes pas malade. Faites appel à vos sens, concentrez-vous sur vos

---

11 Adapté de Scott Berinato.

ressentis : « Le bureau est dur. La couverture est douce. Je peux sentir l'air entrer par mes narines. » Se concentrer sur le présent atténue l'anxiété. Réfléchissez également à la façon de lâcher prise sur ce que vous ne pouvez pas contrôler. Par exemple, ce que votre voisin est en train de faire est hors de votre contrôle ; en revanche, ce que vous pouvez contrôler, c'est de garder une distance physique suffisante et de vous laver les mains. Concentrez-vous sur les choses sur lesquelles vous avez prise.

Nous supportons tous des niveaux de peur et de douleur différents, qui se manifestent de diverses manières. Si quelqu'un réagit de façon étrange, dites-vous que c'est probablement sa façon de gérer son anxiété. Soyez patient et pensez à la personne qu'elle est en temps normal et non à ce qu'elle semble être en ce moment. Essayez de gérer ces sentiments en vous ancrant dans le présent, dans ce que vous pouvez contrôler.

Enfin, nommez ce que vous ressentez : cela aide à comprendre ce qui se passe en nous et nous apaise. N'ayez pas peur d'affronter des émotions inconfortables, car toutes les émotions délivrent un message et elles s'intensifient jusqu'à ce que nous les entendions ! Dès que vous nommez quelque chose, vous le ressentez et le laissez bouger et circuler. Les émotions ont besoin de mouvement !

IDENTIFIEZ ET NOMMEZ VOS PASSIONS

Lorsque vous observez le monde qui vous entoure, qu'est-ce qui vous enthousiasme ? Qu'est-ce qui vous donne de l'espoir, qu'est-ce qui vous met en colère, vous indigne ? Qu'est-ce qui vous fait craindre l'avenir ? Vos intérêts et vos passions peuvent s'exprimer en soutenant des causes constructives (par exemple, les droits des piétons en ville) ou en luttant contre ce que vous considérez comme nuisible ou néfaste (par exemple, le cyberharcèlement).

Dressez une liste des choses que vous aimez, en essayant d'être le plus précis possible. Pour chaque chose, identifiez le problème, la solution et ce que vous pouvez faire pour aider.

....

....

....

....

....

....

....

....

....

....

....

....

Prendre soin des autres

20 GESTES POUR AIDER UN AUTRE ÊTRE HUMAIN[12]

Dans ce chapitre, nous avons parlé de l'importance capitale des gestes d'affection les plus simples pour renforcer la résilience des personnes qui nous entourent. Eh bien, voici 20 gestes, des idées simples pour apporter son soutien à un autre être humain. Ils ne prennent que quelques minutes, mais peuvent faire germer des choses importantes !

Si n'importe lequel de ces gestes vous vaut un sourire ou des remerciements de la part d'une autre personne, encouragez-la à faire de même pour quelqu'un d'autre. Parce que, comme le disait William Shakespeare, « Vois comme cette petite chandelle répand au loin sa lumière ! Ainsi rayonne une bonne action dans un monde malveillant. »

* **Exprimez publiquement votre gratitude aux personnes qui se sont efforcées de vous aider ou simplement d'être là pour vous :** médecins, infirmières, travailleurs sociaux, professeurs, voisins…

* **Contactez une association pour offrir quelques heures de bénévolat.**

---

12 Adapté de zenhabits.net. « 25 ways to help a fellow human being today. »

* Donnez une chose que vous n'utilisez pas, ou un carton entier !

* Offrez quelques-uns de vos cadeaux d'anniversaire ou de Noël à des personnes ou à des associations qui en ont plus besoin que vous.

* **Transmettez.** Prenez le temps d'enseigner à quelqu'un une compétence que vous possédez : ce peut être comment envoyer un mail à votre grand-mère, comment faire du vélo à un enfant, ou un savoir-faire dont un de vos collègues a besoin…

* **Réconfortez une personne qui est triste.** Un câlin, un mot gentil, un moment d'écoute… peuvent souvent apaiser une personne en deuil ou traversant une période difficile.

* **Écoutez.** Lorsqu'une personne est triste, déprimée, en colère ou frustrée, parfois, elle a simplement besoin d'être écoutée.

* **Encouragez quelqu'un à se bouger.** Vous connaissez une personne qui aurait besoin de faire plus d'exercice physique ? Allez courir ou marcher avec elle pour l'aider à démarrer une vie plus saine !

* **Donnez un coup de main.** Il peut s'agir d'une tâche plus ou moins grande : ranger, nettoyer, repasser, réparer quelque chose… Prenez quelques minutes aujourd'hui pour aider quelqu'un dans une tâche spécifique.

* **Faites un massage.** Un massage peut aider quelqu'un à se sentir mieux.

* **Envoyez un mail gentil.** Quelques mots pour dire à quelqu'un combien vous l'appréciez, combien vous êtes fier de lui, ou tout simplement pour lui dire merci !

* **Offrez un bout de nature.** Offrez des fleurs et des plantes pour égayer le logement d'une personne qui en a besoin.

* **Donnez de la nourriture.** Rangez votre cuisine et offrez de quoi manger à ceux qui en ont besoin.

* **Soyez présent, tout simplement.** Asseyez-vous près de quelqu'un, discutez un moment, donnez de votre temps.

* **Soyez patient.** Il faut parfois du temps aux gens pour comprendre quelque chose ou pour bien faire les choses. Travaillez votre patience !

* **Soyez le mentor d'un enfant.** Contactez une association ou proposez votre aide aux parents dont les enfants ont besoin d'aide.

* **Préparez un colis pour ceux qui en ont besoin** : nourriture, livres, jouets...

* **Prêtez votre voix.** Ceux qui n'ont pas de pouvoir ou de moyens ont besoin de la voix des autres pour se défendre. Il n'y a pas besoin que vous le fassiez seul : signez une pétition, intervenez dans une réunion publique, écrivez un courrier...

* **Proposez de faire du baby-sitting.** Les parents ont parfois besoin d'une pause ! Offrez votre aide, cela peut signifier beaucoup pour eux.

* **Exprimez votre affection.** Peu importe que ce soit à votre partenaire, votre enfant, un membre de votre famille, un ami, un collègue ou un inconnu... Trouvez des moyens d'exprimer votre affection aux autres. Un câlin ou un mot gentil peut changer la journée de la personne qui le reçoit !

S'ENLACER PENDANT LA PANDÉMIE

Les câlins ne sont pas un luxe, nous en avons vraiment besoin ! En période de crise, le système nerveux sympathique génère des hormones de stress qui nous épuisent. La tendresse physique est capable de nous apaiser, car nous avons des circuits neuronaux spécifiques permettant de la reconnaître. Il suffit de tenir la main d'une personne qui souffre pour l'aider à se sentir mieux ! Même durant une pandémie, nous pouvons essayer de nous serrer les uns contre les autres de la manière la plus sûre possible. Des modèles mathématiques montrent que les risques de contagion lors d'une étreinte brève sont relativement faibles, tant que vous ne toussez pas et que vous ne parlez pas. Ainsi, si vous avez un besoin urgent de câlin, prenez vos précautions : portez un masque, enlacez-vous en plein air ; tournez vos visages dans des directions opposées ; soyez rapide et éloignez-vous rapidement une fois le câlin terminé.

« MÊME SI TU NE PEUX PAS ME SOIGNER, TU PEUX PRENDRE SOIN DE MOI »

Cette phrase est celle d'un merveilleux médecin, le docteur Albert Jovell, pionnier de ce qu'on appelle « l'humanisation des soins », qui est décédé d'un cancer. Il disait : « Si vous ne pouvez pas me soigner, vous pouvez au moins prendre soin de moi. » Nous croyons généralement que, pour aider quelqu'un, nous devons faire une action concrète, comme le guérir ou résoudre ses problèmes. Mais il existe bon nombre de gestes qui n'apparaissent pas dans les statistiques, les tableaux cliniques ou les études et qui sont pourtant indispensables au bien-être des personnes en situation de vulnérabilité. Savez-vous avec qui un patient se montre le plus honnête lors de son admission ? Avec la personne qui s'occupe du ménage. Certaines études indiquent que le patient la considère comme son égale et qu'il se sent écouté et entre de bonnes mains. Et ça aussi, ce sont des soins essentiels !

Si vous êtes proche d'une personne dont vous ne pouvez pas résoudre le problème, souvenez-vous que vous pouvez toujours au moins l'accompagner, prendre soin d'elle et être présent pour subvenir à ses besoins.

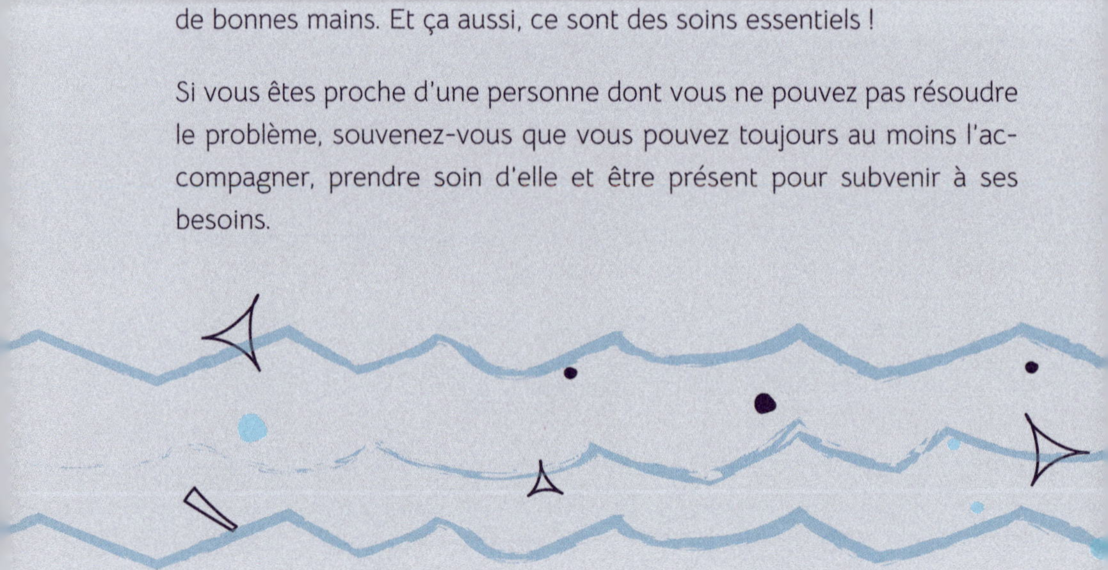

UNE PÉRIODE POUR SE RETROUVER ET PARTAGER DES MOMENTS DE QUALITÉ

La cohabitation profonde et authentique avec nos familles est l'une des choses les plus bénéfiques qui nous soient arrivées durant ce confinement. Je pense que c'est particulièrement frappant dans les familles avec des adolescents : la plupart du temps, nous arrivons à mieux nous parler, nous écouter et nous respecter. Nous ne pouvons plus fuir ou nous distraire, notre seule possibilité est de nous comprendre. C'est très excitant. J'espère que nous nous battrons pour conserver cet apprentissage, coûte que coûte, lorsque la pandémie sera terminée. Y a-t-il un moyen de ne pas oublier ce que nous avons appris, de préserver ces retrouvailles si authentiques ?

Il suffit de le vouloir ! Si, après le « retour à la normale », vous regrettez les moments de qualité que vous avez partagés en famille pendant la pandémie, prévoyez dans votre agenda des créneaux précis pour refaire ces activités et avoir de nouveau ces conversations spéciales !

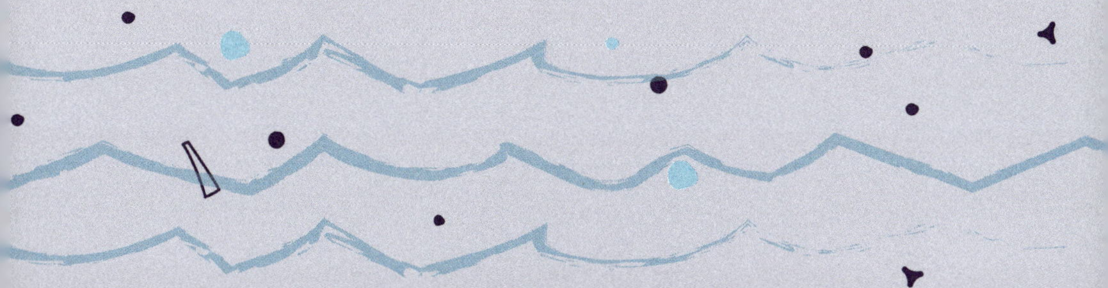

PRENDRE SOIN DE NOS RAPPORTS HUMAINS

En cette période de crise, remplie d'incertitudes, nous avons expérimenté le meilleur comme le pire avec beaucoup de nos proches, d'incroyables marques de solidarité et d'empathie à l'égoïsme le plus inattendu. Peut-être que vous avez découvert de véritables amis, et peut-être que d'autres vous ont déçu. C'est humain, certes, mais comment gérer ce genre de frustrations ?

Très simplement : en accordant aux autres le bénéfice du doute et en ne prenant pas les choses personnellement. Vous avez l'impression qu'une personne vous a laissé tomber ? Si c'est votre ressenti, personne ne peut le contester, mais soyons généreux et compréhensifs… chacun réagit du mieux qu'il peut face à l'incertitude. Dites-vous bien que presque personne n'a le temps ni l'envie de décevoir ou d'attrister ses amis intentionnellement. Nous sommes tous en mode « survie », inquiets pour les personnes malades ou isolées, confrontés à l'absence de travail, désorientés, à essayer d'aider nos enfants, nos voisins, nos patients, nos élèves… Et dans un contexte aussi exceptionnel, je pense que nous devrions réduire nos attentes habituelles. Chacun agit, plus que jamais, comme il sait le faire, comme il peut le faire.

Y a-t-il une personne à qui vous pourriez accorder le bénéfice du doute, sans prendre personnellement quelque chose qu'elle a fait ou que vous pensez qu'elle a fait ?

TROUVEZ VOTRE TRIBU

Trouvez une communauté pour vous soutenir. Passer du temps avec des gens qui nous comprennent et nous soutiennent, qui partagent nos passions, nos intérêts et nos loisirs, peut nous aider à être plus heureux dans le moment présent et plus optimistes quant à l'avenir. Il peut s'agir d'un club de lecture, d'un cours d'écriture, d'une équipe de paddle ou d'un groupe de randonneurs... Je suis certaine qu'il y a, près de chez vous, des gens qui ont beaucoup en commun avec vous ! Vous devez juste être disposé à aller les chercher.

POURQUOI LES GENS ONT BESOIN DE RITUELS, SURTOUT EN PÉRIODE D'INCERTITUDE

Dimitris Xygalatas, professeur d'anthropologie à l'université du Connecticut, soutient que les rituels sont indissociables de la nature humaine et constituent des outils puissants pour renforcer la résilience et la solidarité. Dans un monde en mutation, les rituels ont toute leur place. Les moments les plus importants de notre vie, qu'il s'agisse d'anniversaires, de mariages, de remises de diplômes ou de fêtes de Noël, sont marqués par des cérémonies. Les rituels donnent du sens et rendent ces expériences mémorables.

Les rituels nous permettent de calmer l'anxiété. Comment ? Notre cerveau fait constamment des prédictions sur l'état du monde et il utilise les connaissances actuelles pour donner du sens aux situations que l'on vit. Mais lorsque tout ce qui nous entoure change de manière inattendue et soudaine, comme lors d'une pandémie, cette capacité est limitée, ce qui génère de l'anxiété chez beaucoup d'entre nous. C'est là qu'intervient le rituel : même s'il n'a pas de réelle influence sur ce qui se passe autour de nous, il nous donne un sentiment de contrôle, de par le cadre qu'il apporte grâce à son cérémonial et à ses gestes familiers.

Les rituels nous procurent un sentiment de connexion, de communion. En effet, les rituels collectifs nécessitent l'intervention et la coordination de plusieurs personnes, qui vont se mouvoir de manière synchronisée ou chanter à l'unisson, et créent ainsi une harmonie, forgeant un sentiment d'appartenance et d'identité commune qui transforme des individus en une communauté, qui les protège et les soutient d'une manière ou d'une autre.

En outre, comme l'affirme le docteur Xygalatas, les rituels sont des outils de résilience. Au cours de la pandémie, des individus du monde entier ont créé de nouveaux rituels collectifs, qui leur ont permis de se sentir partie prenante de quelque chose de plus grand et de s'intégrer à une communauté – une rue, un quartier, un pays ou l'Univers – qui procure du lien humain. Dans de nombreuses villes européennes, les voisins sont sortis sur leurs balcons à la même heure chaque jour pour applaudir le personnel de santé pour leurs incroyables efforts, dans un élan de solidarité qui, en plus de témoigner du soutien au travail du personnel soignant, nous a aussi fait nous sentir unis et plus forts face au virus.

SAVEZ-VOUS ÉCOUTER ?[13]

Savoir écouter les autres est l'une des compétences les plus importantes en matière de communication interpersonnelle. Mais écouter quelqu'un n'est pas un acte purement passif, c'est un processus actif dans lequel nous prenons la décision consciente d'accorder de l'attention et de comprendre ce que notre interlocuteur cherche à nous dire.

* Pour devenir une oreille empathique, voire compatissante, nous devons mettre de côté tous nos préjugés et ne pas nous forger d'opinions hâtives, surtout dès le début de la conversation.

* Nous devons écouter l'autre avec tous nos sens, pas uniquement avec notre ouïe. Notre communication non verbale doit montrer que nous sommes connecté à la conversation, attentif et intéressé (hocher la tête, sourire, maintenir le contact visuel…), l'autre personne doit percevoir que nous sommes pleinement avec elle, ainsi elle se sentira plus à l'aise et communiquera de façon plus sincère, ouverte et fluide.

* L'écoute active requiert de la patience, elle implique d'accepter les pauses de l'autre personne et de s'abstenir de l'interrompre avec des questions ou des commentaires dès qu'il y a quelques secondes de silence. Donnez à l'autre personne le temps d'explorer ses pensées et ses sentiments.

---

13 Adapté de Active Listening, *Skills you need*
https://www.skillsyouneed.com/ips/active-listening.html

POURQUOI CELA VAUT LA PEINE DE FAIRE DES COMPLIMENTS À DES INCONNUS

Je me souviens de l'été dernier sur l'une de mes chères plages immenses de Galice. Nous avions passé un long moment à observer une mère jouer au football, avec patience et beaucoup de style, avec ses deux jeunes enfants. Avant de rentrer chez nous, nous avons décidé d'aller lui parler.

Elle nous a regardés nous approcher d'un air surpris...

« Nous venons de vous nommer meilleure maman de cette plage !, lui avons-nous dit avec un grand sourire. Votre patience et votre façon de jouer sont admirables, c'est super de vous regarder ! »

Son visage s'est illuminé ! Je crois que nous lui avons procuré une joie inattendue. Et c'était si facile !

Les compliments sont souvent reçus avec une certaine méfiance car, comme la drague à l'ancienne, ils peuvent sembler grossiers et inappropriés. Mais un compliment sincère et respectueux peut être un moyen très simple de susciter la joie chez les autres et d'exprimer son estime ; c'est un petit shot rapide de gentillesse. L'écrivaine Ariel Meadows a commencé à pratiquer l'art simple du compliment pour s'aider elle-même à tourner la page pendant une période difficile. D'après elle, « lorsque vous prenez deux secondes pour remarquer quelque chose de positif et que vous l'exprimez à haute voix avec un sourire, vous obtenez généralement un sourire en retour. C'est un peu comme pratiquer la gratitude à l'échelle du quartier. »

Complimenter le physique de quelqu'un n'est pas la meilleure chose à faire : vous ne faites que constater une réalité génétique. En revanche, si vous complimentez quelqu'un parce que la couleur de son pull fait ressortir la couleur de ses yeux, alors vous complimentez un acte, une décision de cette personne, et pas seulement sa génétique. Avec la pratique, Ariel s'est enhardie : « J'adore absolument tout ce que je vois ici ! », a-t-elle lancé à une personne non binaire, habillée en doré de la tête aux pieds, qu'elle a croisée dans la rue. Et en retour, elle a reçu un petit rire et un grand merci !

Le docteur Raj Raghunathan explique que la satisfaction ressentie à complimenter les autres tient en partie à ce que cela vous permet de vous percevoir comme une personne généreuse et au grand cœur. Et en plus, cela améliore également votre estime de soi et diminue la production de l'hormone du stress !

À l'inverse, même si critiquer ou rabaisser les autres vous procure un sentiment immédiat de supériorité, cela vous donne instantanément une mauvaise image de vous. Sans compter que lorsque nous critiquons les autres, ils sont plus susceptibles de nous critiquer en retour. Cette attitude nous plonge dans des spirales négatives et nous met dans la position d'attirer davantage les personnes négatives ou celles ayant tendance à dire du mal des autres.

DRESSEZ UNE LISTE DE CHOSES À FAIRE

Avant que le coronavirus ne nous coince à la maison, la plupart d'entre nous avaient des listes de choses à faire peu inspirantes que probablement personne n'arrivait jamais à accomplir. Nous donnions la priorité à des tâches silencieuses et routinières : tantôt remplir un document pour l'école, tantôt terminer une échéance au travail, tantôt faire des courses pour le dîner. En général, ça n'incluait pas faire connaissance avec les voisins, nous assurer que les personnes âgées ou handicapées de notre entourage avaient ce dont elles ont besoin, ou développer la communauté locale. Quelque part entre le travail, les enfants, la maison, la famille et les amis, l'idée de prendre soin de ceux qui vivent près de nous tout en restant souvent des étrangers constituait une notion abstraite, un espoir doux et lointain, mais pas une priorité absolue.

Le coronavirus a changé la donne. Nos préoccupations sont devenues locales, tous nos voisins font désormais partie de notre réseau, et la technologie nous a permis de nous connecter au monde entier.

À QUOI POURRAIT RESSEMBLER
VOTRE NOUVELLE LISTE DE « CHOSES À FAIRE » ?

....

....

....

....

....

....

....

....

....

....

CHANGEZ LE CLIMAT ÉMOTIONNEL DES RÉSEAUX SOCIAUX

Nous sommes souvent surpris par l'extrême cruauté des réseaux sociaux ; nous lisons des commentaires et des insultes que nous n'entendrions pas dans la vie réelle.

Pourquoi pouvons-nous être aussi méchants sur les réseaux sociaux ?

Notamment parce que notre capacité à vivre ensemble dépend en grande mesure d'un mécanisme biologique dont la nature nous dote à la naissance : l'empathie, c'est-à-dire la capacité à ressentir et à partager les émotions des autres. Ce ressenti partagé – qui est à la fois physique et émotionnel – nous protège, car nous essayons de ne pas blesser les autres et nous sommes capables de partager leurs joies et leurs peines. L'empathie nous unit et nous rapproche. Toutefois, c'est un mécanisme qui fonctionne beaucoup mieux si nous nous regardons, si nous sommes physiquement connectés.

Les réseaux sociaux nous offrent la possibilité – nouvelle – de nous connecter sans nous voir. Cela peut amoindrir notre capacité d'empathie et nous rendre insensibles, voire cruels. Comme le dit le vieil adage : « Loin des yeux, loin du cœur. » Le manque d'empathie entraîné par le virtuel et la complexité du psychisme humain exigent de nous que nous fassions un effort particulier pour nous traiter correctement dans cet environnement virtuel et que nous posions les bases pour y construire des relations et des communautés fondées sur la compassion et l'empathie. Sans quoi nous nous retrouverons avec un monde parallèle qui incite trop facilement à la déshumanisation, un monde où il est de plus en plus difficile de vivre et d'avoir des relations saines.

COMMENT EXPRIMER SON HUMANITÉ À TRAVERS UN ÉCRAN ?

Il n'est pas facile pour nous d'exprimer des émotions à travers un écran, et comme c'est quelque chose que nous allons devoir faire de plus en plus à l'avenir, je voudrais y consacrer une réflexion.

Les humains communiquent beaucoup, même lorsqu'ils ne parlent pas. Lorsque nous échangeons en face à face, au cours d'une conversation, le cerveau analyse bien sûr les mots que nous prononçons, mais pas seulement ; il analyse aussi une multitude de petits indices non verbaux, des micro-gestes comme la posture corporelle de l'interlocuteur, s'il a l'air stressé, s'il respire plus vite ou s'il semble sur le point de vous interrompre… Tous ces éléments nous permettent de nous faire une idée globale du message transmis. Et nous faisons cette conclusion sans y penser, de manière inconsciente. C'est dans notre nature sociale. C'est un système efficace et rapide pour entrer en relation les uns avec les autres.

Un problème se pose lorsque nous passons à un autre moyen de communication, un moyen virtuel. Nos cerveaux ne sont pas préparés à cela. Lorsque nous communiquons à travers un écran, d'ordinateur ou de tablette, nous devons prêter une plus grande attention aux mots que la personne prononce, car le message porté par les gestes est nul ou diminué, et le regard perd la force de la présence physique. Mais le cerveau continue à chercher ces indices, sans les trouver, et cela aussi nous fatigue et nous déconcerte…

Petits conseils pour communiquer virtuellement :

* rappelez-vous qu'un mot écrit a la même force qu'un mot prononcé à haute voix. Réfléchissez à ce que vous écrivez, et si vous êtes en colère ou stressé, faites une pause et communiquez un peu plus tard ;
* si vous devez communiquer par visioconférence, veillez à ce que ça ne dure pas trop longtemps. Parlez lentement pour ne pas exiger trop d'attention de la part de votre interlocuteur ;
* essayez de regarder la caméra et d'imaginer que la personne (ou la communauté) à laquelle vous vous adressez est là. Dites quelques mots de bienvenue, utilisez leurs noms et n'oubliez pas de sourire de temps en temps !
* trouvez des façons de partager des émotions avec vos interlocuteurs numériques. Par exemple, vous pouvez croiser les doigts pour signifier un câlin.

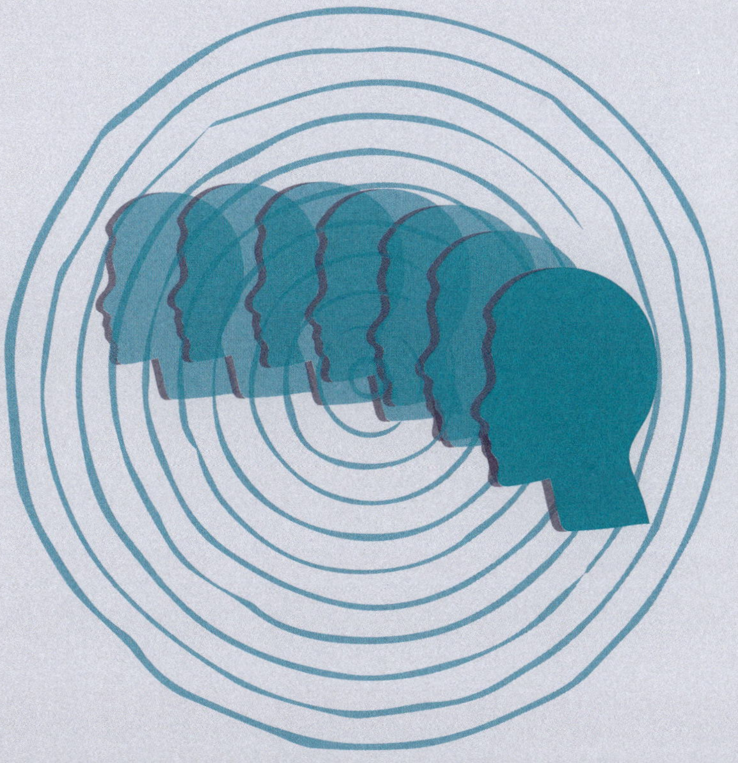

COMMENT ÉVITER LES CONFLITS EN PÉRIODES DE CRISE[14]

Eleanor Gordon-Smith, journaliste pour *The Guardian*, explique que, en temps normal, nous sommes capables de retarder les conflits émotionnels jusqu'à ce que nous nous sentions à même de les gérer. Mais lorsque nous sommes enfermés chez nous – à cause d'un confinement ou d'une maladie, par exemple –, nous ne pouvons pas aussi facilement mettre de côté la mauvaise humeur générée par les situations conflictuelles. Il nous faut alors reconnaître en toute honnêteté que nous sommes fatigués, que nous en avons assez de la situation et nous consoler avec plus que la simple idée que « tout cela finira par passer ».

Voici quelques suggestions :

* réfléchissez à ce que vous considérez comme « normal ». Refusez chez vous comme chez vos proches toute forme de mépris. Acceptez la colère, la frustration, la tristesse et la culpabilité... mais jamais le mépris. Cela changera le climat émotionnel à la maison et au travail ;
* ne restez pas impassible lorsque les gens vous parlent mal : soyez surpris. La surprise fixe des limites claires quant à ce que nous attendons de nos relations, et le fait de communiquer que « ce n'est pas normal » est souvent un moyen efficace d'exprimer que « ça ne devrait pas se passer comme ça » ;

---

14 Eleanor Gordon-Smith, « Self-isolation is bringing out the worst in some. How do we avoid conflict? », *The Guardian*, 22 avril 2020 https://www.theguardian.com/lifeandstyle/2020/apr/22/self-isolation-is-bringing-out-the-worst-in-some-how-do-we-avoid-conflict

* concentrez-vous sur la façon dont nos différences peuvent devenir des forces. Vous ne supportez peut-être pas que votre mère remplisse le réfrigérateur à ras bord ou que votre partenaire insiste pour que vous mainteniez vos routines, mais concentrez-vous sur la gratitude pour votre mère qui vous nourrit et pour votre partenaire qui vous garde alerte et actif ;

* parlez, parlez, parlez. Lorsque les gens ne disent pas directement ce qu'ils veulent, souvent ils manœuvrent pour l'obtenir ou finissent par se montrer rancuniers ; entraînez-vous à demander les choses honnêtement, à parler honnêtement. Autant que nos conversations soient productives ;

* rappelez-vous que la mission dans une famille n'est pas de bien s'apprécier, mais de s'aimer. C'est beaucoup plus difficile, mais c'est ce qui nous permettra probablement de passer au travers de tout ça.

SUGGESTIONS POUR CITOYENS VOULANT RENDRE LE MONDE MEILLEUR

Au milieu du XIVe siècle, la peste noire a tué près d'un tiers de la population européenne. Cette catastrophe a néanmoins précipité l'affaiblissement des hiérarchies sociales féodales rigides et injustes. Quelle a été l'influence de cette pandémie ? Elle a créé des circonstances propices au changement, dont certaines personnes ont su tirer parti. L'un des protagonistes de ces changements était le paysan William Caburn. Il a mené un mouvement qui exigeait de meilleurs salaires et des loyers plus bas. La noblesse a réagi avec virulence et a fait adopter des lois pour empêcher l'ascension des paysans. Il a fallu une cinquantaine d'années pour arriver à des résultats positifs : baisse des loyers, hausse des salaires et une multitude d'anciens serfs ayant réussi à acheter leur liberté.

Bien que de nombreuses personnes espèrent que la récente pandémie mènera, sur le même modèle, à des systèmes économiques plus justes pour tous, il ne faut pas oublier que les changements ne se font pas tout seuls et qu'il faut lutter pour les enclencher. Et même si nous y parvenons et que des changements se produisent, ils ne sont pas nécessairement synonymes de progrès.

Pour contribuer à la vague de changements qui pourrait se produire dans ces circonstances sociales, économiques et politiques inédites, je note ici quelques propositions à l'intention des citoyens qui veulent rendre le monde meilleur[15].

---

15 Adapté de *How to become an activist* : https://4.files.edl.io/333a/11/13/19/213748-6bb7da16-a099-4bb0-a73d-2f23d777c9de.pdf

Ayez des objectifs ambitieux mais réalistes. Si vous voulez réaliser quelque chose, il est important de formaliser concrètement ce que vous voulez obtenir et la façon dont vous pouvez y arriver. Par exemple, bien que ralentir le réchauffement climatique soit un objectif noble, il est trop vaste et trop abstrait. Concentrez-vous sur des objectifs concrets, tels que des normes d'émissions plus strictes pour les véhicules et les industries de votre région. Rappelez-vous : « Penser globalement et agir localement » est toujours une bonne idée.

Rejoignez ou fondez une organisation ou un parti politique qui soutient la cause qui vous tient à cœur. Si vous vous intéressez à la même cause que d'autres militants, vous pourrez probablement trouver une organisation à laquelle adhérer, qu'il s'agisse d'une association d'étudiants ou d'une fondation. La plupart des organisations proposent différents niveaux d'implication : participer aux réunions et aux rassemblements, passer des coups de fil ou simplement verser une cotisation régulière. Vous pouvez également fonder votre propre organisation, par exemple un club de recyclage ou un groupe contre le racisme sur Internet. En général, il vaut mieux commencer petit !

Faites du bénévolat. Donner de son temps pour soutenir une cause est très gratifiant et permet de se concentrer sur ses objectifs. Si, par exemple, vous êtes touché par la violence à l'égard des sans-abri, vous pouvez, en plus de participer à des manifestations, vous porter volontaire dans un refuge pour sans-abri ou une association caritative. Et si la protection des animaux vous tient à cœur, faites du bénévolat dans un refuge pour animaux ou à la SPA.

Donnez. La plupart des fondations et des associations caritatives ont besoin de ressources pour effectuer leur travail. Vous pouvez les aider financièrement mais aussi contribuer matériellement.

Échangez avec votre famille et vos amis. Parlez-leur de votre cause et invitez-les à s'impliquer. Si vous faites du bénévolat, invitez un ami ou un proche intéressé à vous accompagner.

Montrez l'exemple. Le militantisme conscient consiste à intégrer le militantisme dans votre vie quotidienne, en vivant et en agissant de façon à soutenir directement votre cause (par exemple en recyclant le plastique, le carton et le verre ou en n'utilisant pas de produits fabriqués à partir d'animaux).

Militez pour l'évolution de la législation. Les changements peuvent s'opérer de plusieurs manières, les lois en sont une. Ces changements peuvent être impulsés en s'associant à des personnes et à des groupes partageant les mêmes objectifs pour plaider en faveur de lois spécifiques au niveau des communautés et de l'État.

SUGGESTIONS MILITANTES POUR LA DIVERSITÉ[16]

Nous avons l'immense chance de vivre à une époque où naissent de nombreux mouvements internationaux comme #MeToo ou Extinction Rebellion. Voici quelques propositions pour contribuer à la justice sociale !

Chaque jour, on peut lire sur les réseaux sociaux de nouveaux témoignages de personnes confrontées au racisme, que ce soit dans un hôtel, avec la police, dans un café, une école... Lorsque vous êtes témoin d'une telle situation, appelez l'organisation, l'entreprise ou l'institution concernée pour lui faire part de votre indignation. Parlez-en autour de vous et encouragez les autres à prendre la parole.

Parlez avec les enseignants que vous connaissez de la façon dont nous pouvons éduquer en soutenant et en encourageant, plutôt qu'en décourageant. Et si vous, un ami ou un membre de votre famille êtes enseignant, regardez et partagez cette vidéo de Neil deGrasse Tyson, dans laquelle il parle de son expérience d'étudiant afro-américain aspirant à devenir un scientifique et un astrophysicien (quand tout le monde lui recommandait de devenir un athlète) : https://youtu.be/z7ihNLEDiuM

Dans de nombreuses entreprises, le recrutement se trouve principalement entre les mains de personnes blanches. Suggérez au service des ressources humaines de votre entreprise de faire passer des entretiens et d'embaucher des personnes d'origines diverses.

Trouvez ou fondez un « club de la diversité » pour en apprendre plus et échanger sur les préjugés conscients et inconscients que nous pouvons avoir. Participez à des projets qui vous intéressent. Interrogez votre entourage sur son rapport à la couleur de peau et à la justice raciale.

---

16 Adapté de Corinne Shutack.

« Cosmopolitisez » vos placards. Achetez et entourez-vous d'objets (livres, émissions télévisées, films, jouets pour vos enfants et ceux de vos proches...) qui reflètent la diversité et qui sont produits par un panel de personnes de différentes origines, religions, pays... Si ces ressources sont difficiles à trouver, demandez aux librairies, magasins de jouets et bibliothèques municipales de s'en procurer.

Désapprenez les préjugés et découvrez la diversité grâce à des films, des documentaires et des séries. Quelques suggestions : *What's My Name: Muhammad Ali*, *I Am Not Your Negro*, *Do the Right Thing*, *Hurricane Carter*, *Dans leur regard*, *This Is Us*.

Ne restez pas silencieux face à une blague raciste. Ne rien dire, c'est approuver et soutenir.

Informez-vous ! Suivez des militants sur Instagram comme @OsopePatrisse, @Luvvie, @opalayo, @chasinggarza, @bellshooks_, @mharrisperry, @VanJones68, @Lavernecox, @iamderay, @tanehisipcoate, @ava, Ally Henny et Lace on Race sur Facebook. Suivez Blavity, MadameNoire, The Root et TheGrio, avec l'envie d'apprendre et de mieux comprendre la vie des Afro-Américains. Lisez les expériences vécues quotidiennement par des personnes victimes de racisme en suivant le hashtag #RealizedIWasBlack (en français « j'ai réalisé que j'étais noir/noire ») ou écoutez leurs témoignages sur https://edition.cnn.com/interactive/2017/02/us/first-time-i-realized-i-was-black/ et partagez le lien.

Lisez ces ouvrages et/ou créez un club de lecture pour en discuter :

* *La Couleur de la justice : incarcération de masse*, de Michelle Alexander, 2017, Syllepse
* *Une colère noire : lettre à mon fils*, de Ta-Nehisi Coates, 2015, Autrement
* *No Home*, de Yaa Gyasi, 2016, Le Livre de Poche

* *L'Origine des autres*, de Toni Morrison, 2017, Bourgois
* *Orange Is the New Black*, de Piper Kerman, 2010, Pocket
* *Caught: The Prison State and the Lockdown of American Politics*, de Marie Gottschalk, 2014, Princeton University Press
* *Teaching to Transgress: Education as the Practice of Freedom*, de Bell Hooks, 1994, Routledge
* *The 1619 Project*, de Nikole Hannah-Jones, 2019, *The New York Times*

VOUS ÊTES PARENT ?

Organisez des échanges culturels à l'école de vos enfants.

Complétez la bibliothèque de vos enfants avec des ouvrages pédagogiques au sujet du racisme et de la xénophobie adaptés à leur âge.

Si vous connaissez un enfant victime de discrimination, veillez à ce qu'il sache que vous le soutenez. Aimez cet enfant et réaffirmez régulièrement votre soutien.

Pour clore ces pages, je vous propose de pratiquer ensemble une méditation très spéciale. Elle nous rappelle une chose essentielle : en tant qu'êtres vivants, nous recherchons tous la même chose, éviter la souffrance, se sentir bien, vivre en paix. De quoi avons-nous besoin pour cela ? De nourriture, d'un abri et d'amour. C'est pareil pour nous tous, quels que soient notre forme et notre aspect. Concentrez-vous sur les choses fondamentales que vous avez en commun avec les autres êtres vivants et ne tenez pas compte des différences. Elles sont beaucoup moins importantes qu'il n'y paraît !

Une méditation pour se reconnecter à notre essence humaine

Pour vous aider à toujours vous souvenir de ce qui nous unit tous ensemble, je vous propose ce rituel en 5 étapes ; vous pouvez le pratiquer quand vous voulez, chaque fois que vous croisez des amis, des inconnus, des êtres humains ou d'autres êtres vivants.

Cette méditation s'intitule « Ce qui nous lie ».

Allongé ou assis, fermez les yeux… Respirez calmement, profondément… Pensez à quelqu'un que vous connaissez.

En portant votre attention sur cette personne, pensez ou dites à haute voix, selon vos préférences, les phrases suivantes :

Étape 1 : Comme moi, cette personne recherche le bien-être dans sa vie.

Étape 2 : Comme moi, cette personne essaie d'éviter la souffrance dans sa vie.

Étape 3 : Comme moi, cette personne a connu la tristesse, la solitude et le désespoir.

Étape 4 : Comme moi, cette personne essaie de satisfaire ses besoins.

Étape 5 : Comme moi, cette personne apprend la vie.

Remerciements

Pour chaque livre qui voit le jour, son auteur termine généralement son manuscrit par une note plus ou moins longue, témoignant de sa reconnaissance pour le soutien, l'intelligence ou la patience de ceux qui ont participé à ce processus toujours laborieux.

Dans le cas présent, je tiens à remercier mon éditrice et amie Rosa María Prats pour sa complicité intelligente et sans faille ; Antonia Arrom pour son travail subtil et délicat ; Javier Icazuriaga pour la production brillante et harmonieuse des méditations guidées ; Anna Soldevila pour sa coordination dynamique et efficace, et mon cher éditeur, Emili Rosales, pour sa confiance toujours aussi solide.

Mais ce livre ne se résume pas à un bel effort éditorial. C'est aussi, et même davantage, une chronique et une réflexion partagée de tant de penseurs, d'auteurs reconnus et de citoyens anonymes, qui ont exprimé à travers leurs livres, sur les réseaux et dans les médias, toutes les inquiétudes, la solidarité, les idées et les espoirs que ces temps extraordinaires ont inspirés et que, dans une certaine mesure, j'ai voulu refléter ici.

À elles et à eux tous, ma plus profonde gratitude pour tout ce qu'ils m'ont appris et apporté.

Et enfin merci à vous, lectrice ou lecteur, qui m'avez fait confiance : nous vivons ensemble ce voyage incertain et déconcertant de la vie, et nous avons besoin de beaucoup d'optimisme, d'espoir et de force pour l'entreprendre et continuer à avancer. J'espère que ces pages vous auront accompagné sur le chemin !

Bibliographie

Articles de presse / Articles de blogs

Susan Smillie, « I live alone at sea. Here's how to be happy in isolation », *The Guardian*, 4 avril 2020

https://www.theguardian.com/travel/2020/apr/04/i-live-alone-on-a-boat-at-sea-how-to-be-happy-in-isolation

David Quammen, « We made the coronavirus epidemic », *New York Times*, 28 janvier 2020

https://www.nytimes.com/2020/01/28/opinion/coronavirus-china.html

Patrick Greenfield, « Ban wildlife markets to avert pandemics, says UN biodiversity chief », *The Guardian*, 6 avril 2020

Sergio Arias, Benigno Varillas, « La pieza esencial del Rewilding es asilvestrar al ser humano », *Revista Síntesis*, 4 août 2015

https://desdefueradelosmedios.wordpress.com/2015/08/04/la-pieza-esencial-del-rewilding-es-asilvestrar-al-ser-humano-benigno-varillas-gestor-del-proyecto-rewilding-europe-en-espana/

https://www.youtube.com/watch?v=SLlv0EuSt3A

Lucy Jones, « Ecological grief: I mourn the loss of nature – it saved me from addiction », *The Guardian*, 25 février 2020

https://www.theguardian.com/lifeandstyle/2020/feb/25/ecological-grief-i-mourn-the-loss-of-nature-it-saved-me-from-addiction

Ann Robinson, « Dogs have a magic effect: how pets can improve our mental health », *The Guardian*, 17 mars 2020

https://www.theguardian.com/society/2020/mar/17/dogs-have-a-magic-effect-the-power-of-pets-on-our-mental-health

Angus Hervey, *Future Crunch*, 14 janvier 2018

https://medium.com/future-crunch/the-one-word-you-need-for-2018-c50bf44d73e

Brooke Anderson, « Six Daily Questions to Ask Yourself in Quarantine », *Greater Good Magazine*, Université de Berkeley, 24 mars 2020

https://greatergood.berkeley.edu/article/item/six_daily_questions_to_ask_yourself_in_quarantine

Sam Wollaston, « "I get a lot of love" : how hope survives in the hell of Moria, », *The Guardian*, 18 février 2020

https://www.theguardian.com/world/2020/feb/18/librarian-moria-tales-hope-refugee-camp
https://clubmindfulness.com/humanidad-compartida/
George Monbiot, « The horror films got it wrong. This virus has turned us into caring neighbours », *The Guardian*, 31 mars 2020
https://www.theguardian.com/commentisfree/2020/mar/31/virus-neighbours-covid-19
Kenan Malik, « Heroism is the most human of qualities », *The Guardian*, 26 avril 2020
https://www.theguardian.com/commentisfree/2020/apr/26/heroism-is-the-most-human-of-qualities
Diana Gonzales Obando, « Miguel Pita: "La genética es la mejor cura contra el racismo" », *El Comercio*, 12 juillet 2020
https://elcomercio.pe/eldominical/ciencia/miguel-pita-la-genetica-es-la-mejor-cura-contra-el-racismo-nczg-noticia/
Vincent Gambuto, « Prepare for the Ultimate Gaslighting », *Forge*, 10 avril 2020
https://forge.medium.com/prepare-for-the-ultimate-gaslighting-6a8ce3f0a0e0
Susanna Schrobsdorff, « It's Not Indulgent to Admit You've Been Struggling in Recent Months. It's Smart to Ask for Help », *Time*, 15 juin 2020
https://time.com/5847961/stay-at-home-mental-health/
Scott Berinato, « That Discomfort You're Feeling Is Grief », *Harvard Business Review*, 23 mars 2020
https://hbr.org/2020/03/that-discomfort-youre-feeling-is-grief
Leo Babauta, « 25 Ways to Help a Fellow Human Being Today », *Zen Habits (blog)*
https://zenhabits.net/25-ways-to-help-a-fellow-human-being-today/
« Active Listening », *Skills you need (blog)*
https://www.skillsyouneed.com/ips/active-listening.html
Eleanor Gordon-Smith, « Self-isolation is bringing out the worst in some. How do we avoid conflict ? », *The Guardian*, 22 avril 2020
https://www.theguardian.com/lifeandstyle/2020/apr/22/self-isolation-is-bringing-out-the-worst-in-some-how-do-we-avoid-conflict
Corinne Shutack, « 103 Things White People Can Do for Racial Justice », *Medium*, 13 août 2017
https://medium.com/equality-includes-you/what-white-people-can-do-for-racial-justice-f2d18b0e0234

Articles de recherche / Études scientifiques

Phillippa Lally, « How are habits formed: Modelling habit formation in the real world », *European Journal of Social Psychology*, 16 juillet 2009
https://onlinelibrary.wiley.com/doi/full/10.1002/ejsp.674

Conférences / Discours

José Alberto Mújica, dit « Pepe Mújica », conférence de presse donnée à l'université Iberoamericana, le 2 décembre 2019 à Mexico : https://m.facebook.com/watch/?v=2559007360813860&_rdr

Robert Waldinger, « The Good Life », TED Talks : https://www.youtube.com/watch?v=q-7zAkwAOYg&feature=youtu.be

Kim Leadbeater, Discours prononcé le 16 juin 2020, à l'occasion de la quatrième commémoration du décès de sa sœur Jo Cox : https://www.jocoxfoundation.org/statement_4th_anniversary_jos_murder

Neil deGrasse Tyson, « Neil Degrasse Tyson on being Black, and Women in Science » : https://youtu.be/z7ihNLEDiuM

Livres

Elsa Punset, *Le Livre des petites révolutions*, Solar, mars 2016

Alan Levinovitz, *Natural: How Faith in Nature's Goodness Leads to Harmful Fads, Unjust Laws, and Flawed Science*, Beacon Press, avril 2020

Thich Nhat Hanh et Katherine Weare, *Un prof heureux peut changer le monde*, Belfond, mai 2018

Kiki Nárdiz, *Ser salvaje en el siglo XXI: una guía de estilo de vida a prueba de asfalto*, Kiki Nárdiz, juin 2019

Oliver Sacks, *Gratitude*, Christian Bourgois éditeur, septembre 2016

Tali Sharot, *Tous programmés pour l'optimisme*, Marabout, septembre 2012

Charles Darwin, *La Descendance de l'homme et la sélection sexuelle*, C. Reinwald & C, 1891

(traduction par Edmond Barbier)

Yuval Noah Harari, *Sapiens : une brève histoire de l'humanité*, Albin Michel, septembre 2015

Ariel Meadow Stallings, *From Sh!tshow to Afterglow: Putting Life Back Together When It All Falls Apart*, Seal Press, juin 2020

Ressources / Suggestions de lecture, films, comptes à suivre, sites

Sur la thématique du *rewilding*

https://www.rewildingdrum.com/eng/blog/

https://www.youtube.com/watch?v=SLlvOEuSt3A

Sur la thématique de l'égalité raciale

COMPTES INSTAGRAM

@OsopePatrisse
@opalayo
@chasinggarza
@bellhooks_
@Luvvie
@mharrisperry
@VanJones68
@ava
@Lavernecox
@iamderay
@TaNehisiCoats

COMPTES FACEBOOK

Ally Henny
Lace on Race

HASHTAGS À SUIVRE

#RealizedIWasBlack

SITES ET BLOGS

Blavity
MadameNoire
The Root
TheGrio

LIVRES EN FRANÇAIS

La Couleur de la justice : Incarcération de masse, de Michelle Alexander
Une colère noire : lettre à mon fils, de Ta-Nehisi Coates
No Home, de Yaa Gyasi
L'Origine des autres, de Toni Morrison
Orange Is the New Black, de Piper Kerman

EN ANGLAIS

Caught: The Prison State and the Lockdown of American Politics, de Marie Gottschalk
Teaching to Transgress: Education as the Practice of Freedom, de Bell Hooks
The 1619 Project, de Nikole Hannah-Jones

VIDÉO YOUTUBE

Témoignages de personnes victimes de racisme : https://edition.cnn.com/interactive/2017/02/us/first-time-i-realized-i-was-black/
Témoignage de Neil deGrasse Tyson : https://youtu.be/z7ihNLEDiuM

FILMS, DOCUMENTAIRES ET SÉRIES

What's My Name: Muhammad Ali
I Am Not Your Negro
Do the Right Thing
Hurricane Carter
Dans leur regard
This Is Us

Titre original :
Fuertes, libres y nómadas

Ediciones Destino est une marque de Editorial Planeta, S.A.
Diagonal, 662-664. 08034 Barcelone
www.edestino.es
www.planetadelibros.com

Éditions Solar
Direction : Jean-Louis Hocq
Direction éditoriale : Marion Guillemet-Bigeard
Édition : Gwladys Greusard
Couverture : Guylaine Moi
Correction : Michèle Aguignier
Composition : Nord Compo
Fabrication : Laurence Duboscq

ISBN : 978-2-263-17694-4
Code éditeur : L17694
Dépôt légal : octobre 2021

Imprimé en France par SEPEC - N° 07781210718

Solar, un département d'édi8
92, avenue de France
75013 Paris

Retrouvez-nous sur www.lisez.com/solar/9
Solar éditions
solar_editions

IMPRIM'VERT®